ANTOINE DU BOURG.

ÉTUDE

sur les

COUTUMES COMMUNALES

du

SUD-OUEST DE LA FRANCE

Extrait des Mémoires de la Société archéologique du Midi de la France.

PARIS

LIBRAIRIE DE LA SOCIÉTÉ BIBLIOGRAPHIQUE

MAURICE TARDIEU, DIRECTEUR

195, BOULEVARD SAINT-GERMAIN

—

1882

ÉTUDE

SUR LES

COUTUMES COMMUNALES

DU

SUD-OUEST DE LA FRANCE

TOULOUSE. — IMPRIMERIE A. CHAUVIN ET FILS, RUE DES SALENQUES, 28.

ANTOINE DU BOURG.

ÉTUDE

SUR LES

COUTUMES COMMUNALES

DU

˜ SUD-OUEST DE LA FRANCE

Extrait des Mémoires de la Société archéologique du Midi de la France.

PARIS

LIBRAIRIE DE LA SOCIÉTÉ BIBLIOGRAPHIQUE
MAURICE TARDIEU, DIRECTEUR
195, BOULEVARD SAINT-GERMAIN

1882

ÉTUDE

COUTUMES COMMUNALES DU SUD-OUEST DE LA FRANCE

INTRODUCTION.

Développement de l'esprit municipal dans les populations méridionales. — Fondation des Bastides. — Chartes. — Influence de la royauté dans ce mouvement. — Alphonse de Poitiers. — Eustache de Beaumarchais. — Seigneurs du pays.

Parmi les nombreux sujets d'étude que nous présentent les siècles passés, il n'en est pas de plus féconds ni de plus attachants que l'existence de ces petites communautés du moyen âge, que nous voyons de toutes parts surgir du sol toutes créées, se développer au milieu des difficultés et des troubles, et maintenir leurs prérogatives contre toutes compétitions rivales. C'est surtout dans le Midi, où l'esprit municipal des Romains avait laissé des traces nombreuses, que ce spectacle offre un profond intérêt. Au milieu du pays encore presque désert, couvert de forêts, où les habitants isolés soutenaient misérablement une pénible existence, quelques grandes villes florissaient depuis le temps de l'occupation romaine et veillaient avec un soin jaloux à la défense de leurs antiques privilèges. Cet esprit d'indépendance qui caractérisait les citoyens de Toulouse, de Narbonne et des autres grandes villes du Midi, et qui s'épanouissait sans gêne favorisé par le gouvernement libéral de nos comtes, ne devait pas tarder à se répandre dans les populations des campagnes, qui, toutes incultes qu'elles fussent encore, se trouvaient

1

tout naturellement conduites à imiter, dès qu'elles le pouvaient, l'exemple qu'elles avaient sous les yeux. Cette disposition, qui semble former un des caractères distinctifs de nos races méridionales, se développa avec rapidité dans le douzième et surtout dans le treizième siècle. Les seigneurs du pays, qui devaient avoir plus d'une fois, dans la suite, à lutter contre l'esprit d'indépendance de leurs vassaux, l'utilisèrent pour eux-mêmes, dans l'origine, avec suite et avec succès.

Certes, qu'on ne croie pas que, me faisant le panégyriste absolu d'une époque, je cherche à prouver que le mouvement qui se produisit alors fût exclusivement dû à des sentiments de charité et d'humanité. J'estime qu'il serait inexact, et même absurde, de vouloir ainsi généraliser des mobiles trop élevés pour être l'apanage de tous, et que l'on se tromperait grossièrement, en leur attribuant les actes d'une génération tout entière. Ce serait là un fait anormal dont les siècles anciens, pas plus que les temps modernes, ne nous fournissent d'exemples. Alors, comme, hélas! aujourd'hui, c'est surtout aux intérêts matériels qu'il faut demander, en thèse générale, la clé des actions dont nous sommes les témoins. Examinons donc rapidement quel était l'état de la société à cette époque, quelles étaient l'organisation de la propriété et les nécessités de la vie des seigneurs : peut-être parviendrons-nous à découvrir dans ces considérations les motifs qui dictèrent leur conduite.

Dans le fier donjon qui, perché sur la hauteur voisine, commande toute la contrée, le baron, au retour de ses expéditions d'outre-mer qui ont absorbé une notable portion de son avoir, a senti la nécessité de se créer une nouvelle source de richesses; car les redevances, payées fort irrégulièrement par ses malheureux vassaux, n'étaient plus suffisantes pour subvenir aux exigences de la vie d'alors, à ces habitudes de luxe qui commençaient à se substituer à la rude et presque sauvage existence des châtelains d'autrefois. En jetant les yeux autour de lui, il s'est dit que, dans ces immenses forêts, qui ne lui servaient qu'à alimenter la vaste cheminée de sa grande salle et celles de ses cuisines, ou à lui permettre de se livrer tout à son aise aux émotions de la chasse, il trouvera la solution du problème, s'il peut les remplacer, en les défrichant, par des étendues de pays cultivés. Mais, pour cette entreprise, des bras nombreux lui sont indispensables et les bras lui font défaut. Son but va donc être tout d'abord d'attirer sur ses terres les habitants des contrées voisines. L'appât qu'il leur offrira pour les arracher à leurs demeures sera l'amélioration de leur existence, la fondation d'une ville fortifiée ou bastide qui pourrait leur offrir, avec la sécurité matérielle, si rare à cette époque, une vie plus confortable, — et ce n'était pas difficile, — que celle qu'ils menaient à l'abri de leurs misérables huttes isolées sur la lisière des forêts.

Il faut avouer que, dans ces premières fondations, les seigneurs font appel plutôt à l'idée du bien-être matériel qu'aux sentiments d'indépendance politique. C'est au moyen de concessions de terres, de dégrèvements de charges qu'ils cherchent à attirer dans l'enceinte de leurs nouvelles murailles le plus grand nombre d'habitants. Ces moyens réussissent surtout quand le seigneur est assez puissant pour inspirer de la crainte aux ennemis du voisinage, et de la confiance aux habitants de la ville qu'il s'est chargé de défendre. Telle est l'origine de la prospérité d'un grand nombre de ces bastides seigneuriales.

Pendant les troubles de la croisade des Albigeois, cet essor s'arrête complètement. Chacun, occupé à lutter, à défendre péniblement ce qui lui appartient, ne songe guère à fonder. Mais, après que l'avènement au comté de Toulouse d'Alphonse de Poitiers et de la comtesse Jeanne eut inauguré, après cette longue crise, pour ce malheureux pays, une ère de tranquillité et de paix, ce mouvement de réveil dans les campagnes reprend avec une activité surprenante; mais il présente alors un caractère tout différent.

Le frère de saint Louis, en prenant possession, au nom de sa femme, du comté de Toulouse, se proposa un but qu'il poursuivit sans relâche avec une habileté et une sagesse remarquables. Ce but fut d'accoutumer ses nouvelles provinces à l'autorité royale, qu'il voulait substituer sans secousse à celle des seigneurs, et d'habituer insensiblement à leur nouvel état les populations du Midi, qui, pleines d'affection et de regrets vivaces pour leurs comtes, éprouvaient, dans le principe, de profondes répugnances pour leurs nouveaux maîtres (1). Le succès répondit aux

(1) Cette politique du comte Alphonse se trouve remarquablement étudiée par M. Boutaric qui, les documents en main, venge le frère de saint Louis, et, avec lui, la

efforts d'Alphonse, et, à sa mort, en 1272, son neveu put réunir définitivement à la couronne des provinces déjà toutes transformées et façonnées à l'autorité royale. C'est au moyen de la fondation de bastides, soit en un seul sur ses propres domaines, soit en paréage avec d'autres seigneurs, que le comte Alphonse parvint ainsi à étendre son autorité sans froisser les populations et sans mécontenter violemment les barons de la contrée. Ces derniers trouvaient, en effet, qu'ils faisaient un marché avantageux en se procurant, au moyen de la cession d'une partie de leur juridiction fort peu rémunératrice pour eux, un accroissement considérable dans leurs revenus par l'augmentation du nombre de vassaux qui leur payaient redevances, censes, oblies, dîmes et agriers. Telles étaient, en général, les bases des traités de paréage. Le comte promettait de bâtir, à ses frais, la future ville et le seigneur lui faisait l'abandon de ses droits de haute justice. Même, quand la cession était moins complète, le comte avait soin de réserver les appels du tribunal particulier à sa cour souveraine. En outre, comme le fait remarquer très justement M. Boutaric dans l'ouvrage cité plus haut, toutes ces chartes étaient ordinairement identiques pour une même province, moyen très politique pour préparer la grande œuvre poursuivie par la monarchie, la constitution de l'unité nationale. En présence de la prospérité des bastides ainsi fondées, et voyant leurs vassaux déserter leurs fiefs et même leurs villes pour se transporter dans celles du comte, les seigneurs du voisinage s'aperçurent vaguement du danger qui les menaçait dans un avenir très prochain, l'absorption de leur puissance et de leurs ressources dans celles de leur suzerain. Ils se résolurent à engager la lutte sur ce terrain, en octroyant à leurs vassaux, qu'ils voulaient retenir sous leur autorité, des chartes plus étendues que les premières, où ils leur concédaient de nouveaux avantages et fondaient sur des bases en général très larges les municipalités et leurs prérogatives. Ce fut comme une espèce de concours, où chacun cherchait à vaincre son voisin en libéralité pour lui enlever des vassaux; concours dont tous le pays ne pouvait manquer de profiter et qui produisit de toutes parts un développe-

monarchie française, des accusations de parti pris que les détracteurs à outrance de cette dernière leur prodiguent sans relâche (*Saint Louis et Alphonse de Poitiers*).

ment rapide de cet esprit d'indépendance municipale dont nous parlions tout à l'heure. Ce mouvement continua encore pendant longtemps ; car les rois de France ne se firent faute de poursuivre la politique si habile et si nationale du comte Alphonse, et nous voyons leurs sénéchaux s'occuper, pendant toute la fin du treizième siècle, à fonder des bastides et à conclure des traités de paréage avec les barons du Toulousain et de la Gascogne. Signalons, en passant, la part active que prit dans tous ces actes le sénéchal Eustache de Beaumarchais, dont le nom revient si souvent dans notre histoire locale. Certainement ce but politique d'assimilation des provinces du Midi à la monarchie française ne fut pas toujours poursuivi avec la même ténacité et la même suite par tous les rois, qui, cédant parfois à l'influence des seigneurs féodaux, semblèrent, de temps à autre, ne pas favoriser le mouvement d'émancipation communale ; mais il n'en est pas moins vrai de dire que la monarchie exerça en général la plus salutaire influence dans cette transformation sociale, et qu'il serait très injuste de vouloir lui dénier son rôle libéral et émancipateur, dont la continuité est d'autant plus explicable qu'il lui présentait d'incontestables avantages dans sa lutte contre la féodalité.

Dans tout ce qui précède, nous n'avons examiné que la part prise dans ce mouvement par la royauté ou la féodalité. Il est temps de faire entrer sur la scène les vassaux eux-mêmes et d'examiner si, de leur côté, ils restèrent inactifs. Leurs rapports avec leurs seigneurs offrent un spectacle bien intéressant à étudier. Les chartes des communes du Midi nous les font connaître avec leurs transformations successives. Dans le principe, le seigneur, en donnant des terres à ses nouveaux vassaux, leur garantit sa protection, que ces derniers acceptent librement et en retour de laquelle ils lui jurent fidélité et s'engagent à s'acquitter envers lui des différents services et du paiement des censes, corvées et redevances féodales exigées par la coutume et énumérées dans la charte concédée. C'est ainsi que nous voyons les trois seigneurs, Sicart de Laurac, Aymeric de Roquefort et Soubiran, précepteur de l'Hôpital, déclarer que les futurs habitants de la ville de Puysubran (Pexiora), qu'ils venaient de construire en commun, ne seront vassaux de personne, à moins qu'ils n'en fassent spontanément la demande, en choisissant celui des trois sous la protection duquel ils voudront vivre, sauf à en changer plus tard, si telle était leur volonté.

Après la fondation d'une bastide, ses habitants ne tardent pas à sentir qu'il manque un rouage important à leur organisation; les concessions qui leur ont été faites, les avantages matériels qui leur ont été accordés ne leur suffisent plus; c'est qu'en jetant un coup d'œil sur les villes voisines, ils ont senti que la leur n'aura une existence définie que lorsqu'elle aura à sa tête ses consuls et qu'elle jouira de sa charte municipale. Ils se réunissent et font choix, parmi cette partie notable de la population que nous retrouvons partout, soit sous le nom de *prud'hommes* ou de *bons hommes* dans le Toulousain, soit sous celui de *jurats* dans l'Agenais et le Bordelais, d'une députation plus ou moins nombreuse chargée d'aller trouver le seigneur et lui exposer humblement, *les genoux fléchis* et *les mains jointes*, les vœux de leurs concitoyens. Aucun obstacle ne pouvait arrêter ces hommes dans l'accomplissement de leur mission. C'est ainsi que nous voyons les députés de Salles (en Comminges) se rendre à Montpellier pour implorer une charte communale de leur seigneur, le maître du Temple en Provence, qui tenait son chapitre général dans cette ville; ceux de la Bastide du Temple (près de Montauban) faire, pour le même motif, le long et pénible voyage de Saint-Gilles, et ceux de Saint-Clar renouveler leurs tentatives jusqu'à trois ou quatre fois. La demande est ordinairement accueillie par le seigneur, qui propose à l'acceptation de ses vassanx, soit une charte concédée précédemment à quelque ville du voisinage, et dont l'usage a déjà fait ressortir les avantages, soit de nouvelles coutumes.

Il est intéressant de lire les préambules de ces actes solennels. Tantôt, comme à Salles, on y voit proclamée *l'utilité pour chacun de vivre honnêtement d'après de bonnes coutumes;* tantôt, comme à Salvaignas (Agenais), le seigneur déclare qu'il accorde des franchises à ses vassaux *en l'honneur de Dieu tout puissant, de la Vierge Marie et de tous les saints.* C'est qu'en effet la religion joua dans ce mouvement un grand et magnifique rôle, qu'on lui conteste quelquefois avec une souveraine injustice : c'est elle qui, après avoir aboli l'esclavage, tendait à supprimer le servage, adoucissant les mœurs et apprenant aux seigneurs que ces hommes, que dans le principe, encore imbus des idées païennes de la Germanie, ils n'étaient que trop portés à considérer comme leur chose, étaient leurs frères rachetés comme eux par le sang de Jésus-Christ. Aussi présidait-elle à ces grands actes d'émancipation qu'elle avait préparés et qu'elle consacrait. C'était à l'Eglise qu'étaient d'ordinaire promulguées toutes ces chartes, et c'était sur le livre des saints Evangiles que le seigneur et ses vassaux prêtaient le serment de ne jamais les enfreindre (1).

(1) Nous avons eu la bonne fortune de découvrir dans les archives de la Haute-Garonne une charte du plus haut intérêt et qui nous présente, sous une forme naïve et saisissante, l'histoire de la fondation ou plutôt de la reconstruction d'une petite ville de Gascogne. Nous ne pouvons résister au plaisir de donner ici ce tableau animé de la vie de nos pères :

« Au nom de la sainte Trinité et indivisible Unité. Sachent tous, présents et à venir, que le 27e jour du mois de novembre de l'an de grâce 1467, en présence de moi, notaire royal et des témoins ci-dessous nommés, noble et puissant homme frère Fortanier de Lat, chevalier de l'Ordre de Saint-Jean de Jérusalem, précepteur d'Argentens et de Saint-Léon, près du Château-Comtal du Domasan, du diocèse de Condom, sur la place publique de ladite ville de Saint-Léon convoqua et fit rassembler tous les habitants de cette localité et de ses dépendances, leur enjoignant de comparaître devant lui, ce jour-là, à la 9e heure, pour y recevoir et y entendre les communications qu'il avait à leur faire. A l'heure et au jour désignés comparurent... (suit la liste de leurs noms et prénoms). Ces hommes étant rassemblés, ledit précepteur et seigneur leur adressa la parole et leur exposa la question ainsi qu'il suit : « Bonnes gens, mes amis, je vous fais savoir et j'atteste » que, comme précepteur et seigneur direct de cette ville et de son territoire, je pos- » sède et je tiens en main, comme mes prédécesseurs l'ont fait de tout temps, la sei- » gneurie et la haute et basse juridiction de ce lieu; que par suite, d'après une coutume » approuvée de tout temps, les habitants de cette ville et de ses dépendances doivent » prêter le serment de fidélité et d'obéissance au précepteur. C'est pourquoi je vous » demande et vous enjoins de me prêter ce serment de fidélité et d'obéissance comme » à votre seigneur direct. » Les hommes ci-dessus nommés, après s'être consultés, ré-pondirent d'un commun accord : « Ce lieu, à la suite des mortalités et des terribles » guerres qui, dans le temps passé, ont désolé cette contrée, a été et est encore désert » et inculte : à tel point qu'il n'y a point de consuls ou autres jurats qui puissent vous » répondre sur cette question. Aussi, nous supplions humblement votre grâce et votre » seigneurie de vouloir bien désigner quelques-uns d'entre nous, qui sommes venus » depuis peu de temps nous établir et résider dans la ville, et de les investir des » fonctions du consulat et de la baillie. Ces consuls et ce bailli, nommés de la sorte, » prêteront leur serment de dévouement et de probité dans l'exercice de leurs charges ; » après quoi, eux et nous, ferons envers vous ce qui est légitime. »
Après avoir entendu ces supplications et requête, le précepteur, la trouvant juste et raisonnable et pensant qu'on ne doit pas rejeter de légitimes demandes, leur répondit :
« Nommez vous-mêmes, parmi ceux qui sont ici présents, deux hommes probes et

Si, dans le principe, nous voyons toujours l'autorité royale soutenir les communes naissantes, prendre en main leurs querelles contre les seigneurs qui voulaient les opprimer, l'esprit d'indépendance eut bientôt

» capables pour vos consuls ; je les confirmerai dans leur charge. Après quoi, je choi-
» sirai moi-même un de vous pour les fonctions de bailli. ».

C'est ce que firent les habitants : ils choisirent pour consuls deux prud'hommes, Pierre d'Enduran et Gérard de Sorbier, choix que le seigneur approuva et ratifia. Ces consuls prêtèrent sur-le-champ, leurs mains étendues sur le missel, à genoux et les têtes découvertes, le serment pour la charge du consulat : ils jurèrent de se conduire honnêtement et justement dans leurs fonctions, de rendre bonne justice autant qu'ils le pourront et d'être obéissants, dévoués et attachés envers le seigneur précepteur et tout le peuple. Après la nomination, la confirmation et le serment des consuls, le précepteur nomma pour bailli et administrateur de la justice Arnaud-Guillaume d'Enduran : ce dernier prêta, devant le précepteur et les consuls, le serment pour la charge de la baillie, il jura de rendre une bonne et sincère justice, de défendre, suivant son pouvoir, leurs personnes et les droits de la seigneurie. Ces différents actes étant accomplis, le précepteur, en sa qualité de seigneur direct, réitéra son invitation pour la prestation du serment d'obéissance et de fidélité ; mais les consuls, au nom de tout le peuple, firent cette réponse :

« Nous vous tenons bien et vous avouons pour notre seigneur direct. Il existe néan-
» moins une coutume respectée de tous temps, d'après laquelle le précepteur, seigneur
» de ce lieu, quand il veut exiger de ses vassaux et habitants de sa seigneurie un tel
» serment de fidélité, doit commencer par jurer à ces mêmes habitants de leur être
» dévoué, de les protéger et de respecter les chartes et les coutumes, écrites ou non.
» C'est pourquoi nous vous demandons de vouloir bien nous prêter ce serment. »

« A ces mots, le précepteur, se levant de son siège, ordonna aux consuls et à son bailli d'y prendre place. Se plaçant devant eux, le précepteur leur dit : « Je suis disposé à prêter ce serment. » C'est ce qu'il fit. S'étant mis à genoux, la tête découverte, la main droite étendue sur le Missel, après y avoir tracé le signe de la croix, le seigneur précepteur jura de protéger et de défendre contre toutes les attaques les habitants et vassaux de sa seigneurie, de maintenir inviolablement de tout son pouvoir les chartes et les coutumes anciennes, écrites ou non, en réservant toutefois les droits du roi notre père et ceux de tout autre. De toutes ces choses et de chacune d'elle, les consuls, au nom des habitants, réclamèrent qu'un acte public fût retenu par moi, notaire soussigné. Après quoi, le seigneur précepteur se relevant de terre s'assit sur le siège que venaient de quitter les consuls et ordonna à ces derniers de se placer devant lui pour lui prêter le serment de fidélité pour eux et pour tous les autres vassaux présents et absents. Les consuls s'étant placés devant le seigneur, s'étant mis à genoux, les têtes découvertes, les mains droites étendues sur le Missel après y avoir tracé le signe de la croix et les mains gauches levées en l'air, jurèrent d'être fidèles, obéissants, dévoués et affectionnés au seigneur précepteur et à ses successeurs légitimement pourvus de cette seigneurie et à leurs officiers ou délégués, de garder et défendre de tout leur pouvoir la ville et la

fait assez de progrès pour que les rôles fussent intervertis, et que les
sénéchaux fussent plus d'une fois obligés d'intervenir pour couvrir de la
protection royale un seigneur contre ses vassaux turbulents. Car on se
tromperait étrangement si, d'après les tableaux que l'on trace trop
souvent de l'ancienne société française, on se la représentait comme
composée d'un petit nombre de tyrans imposant une intolérable servitude
à un troupeau muet d'esclaves. Il était loin d'en être ainsi, surtout dans
notre Midi. Si cette hypothèse est contredite par ce que nous venons de
dire sur l'origine de toutes ces communes rurales, elle l'est encore bien
plus complètement par l'histoire de leur existence pendant le moyen
âge : les archives contiennent à chaque instant le récit de quelques ré-
voltes, souvent violentes et tragiques, contre l'autorité des seigneurs, et
surtout des interminables procès qui surgissaient à chaque instant; l'on
voit sans cesse le sénéchal occupé à juger les différends survenus entre
les seigneurs qui, leurs chartes à la main, réclamaient le maintien de
leurs droits, et les vassaux qui refusaient obstinément de payer leurs
censes ou leurs dîmes, soit qu'ils comptassent sur la bienveillance à leur
égard des officiers royaux, soit qu'ils espérassent arracher, de guerre
lasse, quelque concession nouvelle, soit enfin qu'ils voulussent, comme
l'avouèrent naïvement les consuls du Burgaud, en 1475, se sauvegarder
des oppressions possibles de leurs seigneurs dans la suite, au moyen de
chicanes qu'ils leur intentaient et qu'ils savaient bien être sans fonde-
ment.

Après ces considérations sommaires, nous allons étudier en détail les
nombreuses coutumes que les archives nous ont conservées pour la région sud-ouest de la France, en signalant leurs caractères généraux et
les différences qu'elles produisirent dans les diverses contrées. Les chartes
contiennent l'énumération des droits que se réservent les seigneurs, les
concessions et les franchises qu'ils accordent à leurs vassaux, les cou-.

maison de l'Hôpital : ils s'engagèrent, de plus, pour eux et leurs successeurs, à fournir
annuellement par chaque maison tenant feu allumé deux journées de corvées, l'une pour
ramasser les foins de l'Hôpital, l'autre pour travailler les vignes et à faire et à observer
ce que les habitants de cette seigneurie avaient coutume de faire dans les temps anciens. De toutes ces choses et de chacune d'elles le précepteur demanda qu'un acte
public fût retenu par moi, notaire soussigné. »

tumes relatives à la vie civile, l'établissement, les attributions et les
prérogatives des consulats, l'organisation judiciaire, les règlements de
police et d'administration, le service militaire, entretien et défense des
fortifications, et enfin les frais du culte religieux. Telles sont les divi-
sions naturelles que nous allons suivre dans cette étude.

CHAPITRE PREMIER.

DES DROITS RÉSERVÉS PAR LES SEIGNEURS.

Ces droits étaient de différentes sortes et variaient suivant les contrées. En voici les principaux : les fours, les forges, les boucheries, les
tavernes, la garde des troupeaux, la chasse, la pêche, les corvées, les
redevances, la capitation ; les droits sur les ventes, les achats et les
engagements, le droit de rachat, les dîmes, les tailles, etc., prérogatives que les seigneurs avaient supprimées en certains endroits et conservées dans d'autres et que nous allons examiner successivement.

§ 1. — Fours.

Dans la plupart des localités, les seigneurs, en construisant leurs villes, les dotaient d'un four banal où les habitants pouvaient et devaient
faire cuire leur pain moyennant une certaine redevance, soit en argent,
soit en nature. Le seigneur percevait une partie de cette redevance et
laissait le reste au *fournier*, qu'il choisissait et faisait surveiller dans
l'exercice de sa charge. Le droit de *fournage* était, en général, dans
nos pays de 1 pain sur 20 ; dans certaines localités, il devenait plus
considérable, pour des pains d'un genre particulier, tels que les *petits
pains* et les *gâteaux*, pour lesquels il était de 1 sur 16 et de 1 sur 6.
Ailleurs, cette redevance se payait en argent; elle était alors fixée généralement à 4 deniers tolsas par setier. Mais ce dernier mode devait
présenter dans l'avenir de graves inconvénients pour les seigneurs ;
car ce prix, rémunérateur dans le principe, était devenu tellement illu-
soire, par suite de la dépréciation de l'argent, que le four finit par deve-

nir une charge fort onéreuse pour celui qui était chargé de pourvoir aux dépenses de l'entretien et aux gages du fournier : c'est ainsi que nous voyons, dans le dix-septième siècle, le commandeur du Burgaud faire abandon de son droit de fournage à ses vassaux, qui voulaient, au contraire, conserver cette avantageuse servitude.

Quoique le four banal de chaque ville appartînt au seigneur, néanmoins, en beaucoup d'endroits, considérant la gêne que cette obligation imposait aux vassaux, souvent éloignés de la ville, les chartes contiennent l'autorisation accordée à ces derniers de construire des fours dans des maisons, mais seulement pour leur usage personnel. Cette concession avait lieu soit à titre gratuit, comme à Saint-Clar, Montsaunès, Saint-Gauzens, etc., soit moyennant une redevance annuelle qui variait suivant les localités : 4 derniers tols. à Plagnes, 3 pugnerées de blé à Fousorbes, un quarton de blé et une géline au Pin (Lauragais).

§ 2. — *Forges.*

A côté du four, au milieu de la ville, s'élevait toujours un autre bâtiment d'intérêt commun construit par le seigneur. C'était la forge communale où un forgeron, choisi et payé par le seigneur, devait faire annuellement, pour chaque laboureur de la juridiction, certaines réparations usuelles et déterminées par la charte, à leurs instruments aratoires. Le droit fixé pour cela, et appelé *lauze* dans le langage d'alors, était tarifé d'après le nombre d'attelages destinés au labour ; il était, dans presque toutes les localités, par paire de bœufs, de 1 setier, soit de blé, soit de millet ou d'avoine. Nous trouvons exceptionnellement, dans la coutume de Plagnes, la liberté pour chacun d'établir des forges dans cette ville. Les tarifs des travaux non désignés dans les chartes étaient d'ordinaire fixés par les seigneurs et les consuls.

§ 3. — *Moulins.*

Sur le sommet de la colline qui s'élevait auprès du village, ou sur les bords du cours d'eau qui arrosait ses environs, était bâti le moulin seigneurial. C'était, en beaucoup d'endroits, une source importante de revenus. Les habitants étaient tenus, sous peine d'amende, d'aller porter leur blé à ce moulin ; et le droit de mouture était ordinairement fixé à la 16ᵉ partie de la farine. Le maintien de ce monopole fut, dans beaucoup de localités, l'objet des efforts des seigneurs et des attaques de leurs adversaires. Les archives nous ont conservé le souvenir d'un grand nombre de luttes longues, et souvent très violentes, engagées sur ce sujet. Le moulin de Marestang fut la cause d'une guerre acharnée entre les seigneur de l'Isle-en-Jourdain et le chevalier du Temple. Pour enlever aux chevaliers de Saint-Jean la possession du moulin de Bordeïs (Landes), les officiers du comte d'Albret organisèrent une expédition, et maltraitèrent les habitants qui ne voulurent pas reconnaître leurs prétentions. Dans d'autres extraits, au contraire, les seigneurs s'étaient dépouillés volontairement de ce droit et avaient donné à leurs vassaux l'autorisation d'aller moudre leur blé où ils voudraient (Saint-Gauzens).

Les droits dont nous venons de parler s'expliquaient, à l'origine, par l'indispensable nécessité de ces établissements dans les nouvelles villes qui se créaient. Il fallait que les futurs habitants pussent avoir un moulin pour avoir de la farine, un four pour cuire leur pain et une forge pour leurs charrues de travail. Or, comme leurs ressources étaient nulles en général, quand ils transportaient leur résidence dans une ville et qu'ils avaient tout d'abord à s'y bâtir une demeure, c'était au seigneur que revenait naturellement l'obligation de créer pour sa bastide ces trois établissements de nécessité absolue.

§ 4. — *Boucheries.*

Les étaux des bouchers appartenaient, en général, aux communautés elles-mêmes, qui devaient les affermer aux plus offrants et en affecter les revenus au profit de la ville. La surveillance en était confiée aux consuls, comme nous le verrons ci-après. Mais, en cédant ainsi la propriété des boucheries, les seigneur s'étaient réservé certains droits sur les animaux tués pour la vente. Ces droits variaient suivant les localités. Ainsi à Plagnes le boucher devait donner au seigneur, pour un bœuf, 3 deniers tournois, pour un porc un denier, et une obole pour une brebis. Mais presque partout ce droit se prélevait en nature : à Montsaunès, le seigneur recevait un pied du bœuf et les échinées du porc ; à Marestang, la langue du bœuf et une jambe de devant du porc ; à Fronton, la poitrine du bœuf et une côte de porc, etc.

§ 5. — *Tavernes.*

Dans beaucoup de localités, la propriété et la ferme des tavernes appartenaient également à la ville. Les seigneurs s'étaient réservé, dans certains pays où la vigne faisait la principale source de revenu , le monopole du débit du vin dans les tavernes de la ville pendant un laps de temps plus ou moins long. Cette coutume existait dans certaines parties de la Gascogne et de l'Agenais.

§ 6. — *Garde des troupeaux.*

L'aube commence à paraître ; un homme arrive sur la place de la Bastide et se met à sonner de la corne. C'est le berger chargé par le seigneur de garder les troupeaux de la communauté tout entière. Toutes les étables s'ouvrent à ce son , et les brebis ou les porcs se rassemblent promptement à l'appel de leur conducteur, qui les mène dans les *padouèncs* ou pâturages communaux donnés aux villes par leurs fondateurs. Cet usage, qui n'était établi que dans les contrées où la petite quantité des troupeaux le rendait possible, produisait, pour le seigneur chargé des gages du berger, un revenu annuel de un setier de froment pour douze brebis non mères , et la rente du lait trait le samedi de chaque semaine, depuis le 15 mai jusqu'au 15 août, pour toutes les autres.

§ 7. — *Leudes. Péages.*

Les droits de leudes étaient ceux qui étaient perçus par les seigneurs pour les animaux et marchandises qui traversaient leur juridiction. Cet impôt, en retour duquel ils étaient responsables de la sûreté des routes dans toute l'étendue de leur territoire, ne laissait pas que d'être une entrave fort sérieuse à l'extension du commerce. Aussi voit-on tous les seigneurs, en fondant leurs bastides, supprimer ce droit dans tous leurs domaines. Ces droits servaient aussi à favoriser dans certains cas l'industrie locale ; ainsi, dans les coutumes, on voit certaines denrées

tarifées pour l'importation seulement et d'autres pour l'exportation.
Voici quelques tableaux de tarifs, tels que nous les fournissent les chartes des communes :

Fajolles.

Les marchands étrangers paient, pour leurs personnes,
1 den. tols.

Les colporteurs, 1 maille tols.

Les marchands étrangers paient, pour une charge de fer,
1 den. tols.

Les marchands étrangers paient, pour une charge de sel,
1 den. cah. ou une poignée de sel.

**Goutz
(Gascogne).**

Les marchands étrangers, pour une charge de fer, 1 den.
tols.

Les marchands étrangers, pour une charge de sel, 1 den.
tols. ou une poignée de sel.

Les marchands étrangers, pour l'exportation d'une charge
de blé, 1 den. tols.

Les marchands étrangers, pour l'exportation d'une charge
de vin, 1 den. tols.

Les marchands étrangers, pour l'exportation d'une charge
d'écuelles, 1 den. tols.

Les marchands étrangers, pour l'exportation d'une charge
de bouteilles, 1 den. tols.

**Temple
de Breuil.**

Par bête
de somme
chargée

de marchandises quelconques, 3 den. arnau-
dens.

de poissons salés, 3 den. arn.

de blé et de vin, 2 den. arn.

de *collacs* frais ou salés, 1 den. arn.

de sel, une pincée.

de lamproies, une lamproie (le porteur a son
déjeuner et son dîner chez le seigneur).

de saumon, une tête de saumon.

Par bœuf ou cheval vendu, 1 den. arn.

Par 12 brebis, 3 den. arn.

Par panier de fioles en verre, 1 den. arn.

Le transport des marchandises par eau était soumis à des droits ana-
logues. Les rivières, ces voies de communication tracées par la Provi-
dence, étaient placées également sous la protection du seigneur dont
le donjon s'élevait sur ses rives ; il était chargé de veiller à la sûreté
des bateaux marchands qui passaient dans les limites de sa juridiction,
et prélevait sur eux un droit de péage. Voici les tarifs qu'avaient établis
les Templiers à Breuil, sur la rivière du Lot.

Droits de péage.
- Par pipe de vin, de sel, d'huile, de poissons salés, de seigle, de fèves et de pois, 6 den. arn.
- Par pipe d'avoine, d'orge ou d'autres grains, 4 den. arn.
- Par deux quintaux de marchandises vendues au poids, 6 den. arn.
- Par 12 pièces de drap d'Agen, 5 den. arn.
- Pour toute barque à son premier voyage, non compris sa charge, 5 sols arn.

§ 8. — *Marchés.*

Arrivées à destination, les marchandises étaient encore soumises
à un droit analogue à celui qu'on perçoit encore de nos jours sous le
nom de plaçage. On l'appelait alors le droit de *taulage*, c'est-à-dire le
droit d'exposer sur une table les denrées destinées à la vente. Cette
charge ne laissait pas que d'être assez lourde, surtout quand le marché de la ville était le centre forcé des transactions ds toute une contrée. C'est ainsi que les habitants de Cazalis, petit village que les Hospitaliers possédaient dans les Landes, près de Cazeneuve, payaient pour
le droit de *taulage*, quand ils venaient au marché de cette dernière
ville, une somme annuelle d'environ 20 livres morlanes ou 40 écus
d'or ; les chevaliers de Saint-Jean ne crurent pas acheter trop cher la
suppression de ce droit, qui leur enlevait un grand nombre de vassaux
par la cession de la moitié de leur juridiction. Ce droit n'est pas men-
tionné, du reste, dans la plupart des chartes de nos contrées.

Les seigneurs percevaient toujours un certain droit sur les transactions conclues dans les marchés de leurs bastides ; mais cette redevance

n'était jamais exigée que des étrangers et frappait tantôt les ventes, tantôt les achats, de manière à favoriser toujours l'industrie locale que ces indications servent à nous faire connaître.

Voici le tableau de ces tarifs établis pour le marché de Fajolles (confins de la Gascogne et du Toulousain).

Droits des seigneurs de Fayolle.

Sur la vente de

1 livre de cire, 1 den. cah.

1 charge de marmites, 1 den. cah. ou une marmite.

1 porc, 1 den. cah.

1 âne ferré, 2 den. tols.

1 âne non ferré, 1 den. tols.

1 brebis, 1 maille cah.

Sur l'achat de

1 bœuf, 1 den. cah.

1 *fieuze* de chair salée, 1 den. cah.

Dans le principe, ces droits n'étaient pas déterminés ainsi et se réduisaient à une redevance fixe que payait la communauté d'une ville à son seigneur pour le privilège de tenir librement son marché. A Salles (Aude), cette rente était de 4 quartons de sel pour chaque marché.

§ 9. — *Ventes et engagements d'immeubles. Rachapt*

Quand un vassal voulait vendre un fief, il devait en prévenir son seigneur en lui faisant connaître le nom de l'acheteur et le prix convenu et lui offrir, comme arrhes du paiement des droits, un denier que l'on appelait le *denier à Dieu.* Le seigneur avait le droit de se substituer à l'acheteur et de garder pour lui le fief en question, en payant à son vassal le prix que ce dernier en avait trouvé ailleurs. Au bout d'un nombre de jours, déterminé par la coutume, il devait, à cet effet, rendre sa réponse et, s'il ne gardait pas le fief pour lui, approuver la vente. Le vassal, dans tous les cas, était tenu de lui payer sur le prix de la vente un droit appelé en certaines régions *capsol* ou *chef-sol*; ce droit était partout de un denier par sol du prix de la vente. En Bazadois, à ce premier droit proportionnel au prix de la vente venaient s'en ajouter d'autres qui étaient invariables dans tous les cas : le droit de *vente* ou douze deniers morlans et celui de *revente* ou douze demi-mailles et douze demi-pojès. Si le vassal engageait son fief, il devait payer au seigneur un droit de une maille par sol du prix d'engagement.

Le droit de *rachapt* se payait à chacune des mutations, soit des seigneurs, soit des tenanciers; il était d'ordinaire de quatre deniers par arpent.

§ 10. — *Redevances. Censes. Oblies.*

On désignait ainsi l'impôt foncier exigé par le seigneur, propriétaire primitif, des vassaux à qui il avait confié ses terres. Il était fixé d'ordinaire à tant l'arpent, suivant la nature des terres, et était très variable suivant les localités. Mais l'oblie la plus usitée était de 8 ou 10 deniers par arpent de terre cultivée et de 4 deniers pour une maison. Dans certaines régions, nous trouvons des redevances en nature calculées d'après l'importance de l'exploitation : à Fonsorbes (Toulousain), le vassal devait à son seigneur, par chaque paire de bœufs, une *émine* de froment et une d'avoine.

Les actes d'inféodation de terres étaient parfois très explicites sur les travaux à faire, sur les récoltes qu'on pourra y cultiver, etc.; ce qui donne des indications sur l'état de l'agriculture à cette époque. Ainsi, dans le pays de Bazas, on devait travailler la vigne cinq fois en deux ans, et pour la terre, on devait la laisser reposer après une récolte de blé ou n'y cultiver que des fèves, des pois ou autres plantes sarclées; si ces prescriptions étaient méconnues, le seigneur avait droit de réclamer de son feudataire une redevance plus considérable.

Une réglementation très minutieuse déterminait les devoirs respectifs du seigneur et du vassal qui tenait en fief une maison. A moins que la condition n'eût été formellement stipulée dans l'acte, le feudataire n'était pas tenu de réparer la maison ou de la reconstruire si elle venait à tomber en ruines, mais bien de continuer à payer sa redevance comme si elle était en bon état, à moins que sa chute ne fût le fait de la guerre ou de la prise de la ville par les ennemis. Si un feudataire se refusait à payer la redevance due au seigneur, ce dernier aurait

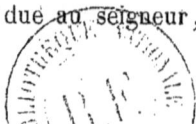

3

droit, pour l'y forcer, d'enlever la porte de la maison et de la garder chez lui jusqu'au paiement.

§ 11. — *Dîmes.*

Dans le principe on désignait ainsi le dixième des récoltes d'un territoire, prélevé pour subvenir aux frais du culte divin. Quoique la dîme eût toujours dû revenir au clergé, d'après sa définition, il n'en était pas ordinairement ainsi et bien souvent pendant le moyen âge nous trouvons des laïques en jouissance de la seigneurie spirituelle des paroisses. Dans son glossaire, Ducange explique ce fait en disant que l'Eglise, pressée par des circonstances critiques et désirant se procurer des ressources, avait dû aliéner une partie de son domaine primitif. Cette anomalie était très fréquente dans nos contrées, où nous voyons à tous moments la seigneurie spirituelle exercée par des chevaliers qui, en vertu de leur titre de curés primitifs de ces paroisses, présentaient à la nomination de l'évêque leurs candidats pour le poste de *vicaire* perpétuel, pourvoyaient à son entretien, ainsi qu'aux réparations et à l'ornementation de l'église et percevaient les dîmes et les prémices de tout le territoire.

La dîme se prélevait sur les récoltes et sur les animaux. Malgré son nom, elle équivalait rarement à la dixième partie du produit total. Ainsi à Renneville (Lauragais) elle était de $^2/_{15}$ pour les blés et les légumes et de $^1/_9$ pour les foins. A Golfech (Agenais), le commandeur du Temple percevait, en sa qualité de seigneur spirituel, 2 gerbes sur 17. Pour les animaux, la dîme se payait en argent ou en nature, suivant les cas : ainsi la charte de Fonsorbes nous apprend que les paroissiens étaient obligés de payer à leur seigneur spirituel pour un poulain, 6 deniers tolsas, pour un ânon 3 deniers tolses, pour un troupeau la dîme des agneaux, sur les deux portées d'une truie un pourceau, etc. La dîme se prélevait aussi sur la laine, et en général sur tous les produits.

Par assimilation, sans doute, les seigneurs temporels furent conduits à étendre ce genre de redevance. En fondant leurs bastides, ils avaient surtout en vue d'accroître leurs revenus et de tirer partie de ces immenses étendues de territoire, couvertes de forêts et absolument improductives pour eux. Aussi, dans toutes les chartes concédées en pareille occasion, voyons-nous les seigneurs abandonner aux futurs habitants la propriété des terres qu'ils défricheront et rendront à la culture, en n'exigeant d'eux pour cela que le paiement de la *dîme*, des *prémices* et de l'*agrier*.

§ 12. — *Corvées.*

La corvée communale, ou *vezinal*, consistait en un certain nombre de journées de travail que les vassaux étaient obligés de fournir annuellement au seigneur, soit pour son utilité particulière, soit au profit du château et de la ville. Dans ce dernier cas, les consuls étaient appelés à désigner avec le seigneur la nature des travaux à exécuter. Ces corvées étaient fort variables d'un endroit à un autre : d'un seul jour, par paire de bœufs, à Renneville, elles étaient de quatre jours à Saint-Clar et d'un jour par semaine, de Noël à Pâques, ou même de la Toussaint à la Saint-Jean, dans d'autres localités. Le seigneur était alors tenu de fournir la nourriture des bêtes et des gens qu'il employait. A Ornessan (Gascogne), les dispositions à cet égard sont très minutieuses : « Chaque habitant, y est-il dit, est tenu de travailler aux vignes du seigneur, moyennant le pain de son dîner et 3 deniers; le meilleur travailleur de chaque maison doit venir aider aux vendanges du seigneur, moyennant seulement le pain de son dîner et enfin tous travailleront un autre jour au service du seigneur, moyennant le pain, le vin et le fromage pour le dîner. » A Saint-Gauzens (Albigeois), les corvées se réduisaient, pour tout homme possédant une bête de somme, à transporter une charge de bois au château du seigneur, quand ce dernier viendrait y passer les fêtes de Noël.

§ 13. — *Chasse. Pêche.*

Comme nous le verrons tout à l'heure, les seigneurs du Midi avaient généralement accordé les droits de chasse et de pêche à leurs vassaux, en y mettant certaines restrictions et en se réservant une part plus ou

moins grande sur les bêtes prises. A Montsaunès, le seigneur prélevait
la moitié des produits de la chasse, excepté pour les renards et les liè-
vres nés dans l'année ; mais, en général, ce droit était beaucoup moins
considérable. A Fronton, le chasseur devait au chevalier l'épaule de
tout sanglier et une côte de tout cerf ; si le seigneur assistait à la
chasse, on devait lui offrir en outre la tête de l'animal. Au Pin (Laura-
guais), le seigneur avait droit à la tête et à un quartier de devant pour
un sanglier, à la tête et à un quartier de derrière pour toute autre bête.
Ce droit est désigné, dans un grand nombre de chartes, sous le nom de
Saumerium.

§ 14. — *Albergues.*

L'albergue, que suppriment la plupart des chartes du Toulousain,
consistait dans le droit qu'avaient les seigneurs d'aller se faire héberger,
une ou plusieurs fois par an, chez certains de leurs vassaux. Dans le
principe, ce droit se percevait réellement au moyen d'un repas (*convi-
vium*). Voici comment les choses se pratiquaient encore en 1262 à Caignac (Lauragais). Le commandeur de l'Hôpital, seigneur de cette localité, partait de son château un jour à son choix, entre la Noël et le
dimanche de la Septuagésime, emmenant à sa suite « les frères, les
sœurs, les donats, les clients, les employés et même les chiens de l'Hôpital, » pour se rendre au hameau des Arsilers ; il pouvait même inviter
sur la route les personnes qu'il voudrait à se joindre à lui. Les vassaux
devaient fournir à manger et à boire au chevalier et à toute sa suite et
lui payer le soir, après le souper, et avant qu'il se levât de table, 8 sols
tolsas ; après quoi le commandeur devait partir immédiatement avec
tous ses gens, à moins qu'il ne reçût de ses vassaux l'autorisation de
prolonger son séjour. Ailleurs ce droit se réduisait à un repas fourni à
deux ou quatre personnes de la maison du seigneur.

Mais on ne tarda guère à remplacer partout ce droit d'albergue,
perçu ainsi en nature, par une redevance, soit en denrées, soit en argent,
dont le prélèvement pouvait se faire plus facilement et plus régulièrement.

§ 15. — *Cavalcade. Host.*

Par la *cavalcade* ou l'*host*, on entendait l'obligation où se trouvaient les vassaux de suivre leur seigneur dans ses expéditions militaires. Cette obligation fut également presque partout supprimée ou du moins réduite de telle sorte qu'elle cessait d'être bien onéreuse à ceux à qui elle était imposée. Généralement le vassal n'était tenu de marcher sous la bannière de son suzerain qu'à une journée de marche de sa ville. Hors de cette limite, il reconquérait sa liberté et ne continuait à faire partie de l'expédition que s'il en témoignait le désir et recevait alors la solde qui ne lui était pas allouée jusque-là.

Dans quelques rares localités, où ce droit n'avait pas été supprimé, les archives nous montrent comment se faisait cette levée d'hommes en cas de guerre. Transportons-nous à Fajolles, petite ville située dans le Toulousain, du côté de la Gascogne. Le mercredi, 21 mars 1319, il règne dans cette localité une animation inaccoutumée : les habitants se rendent en hâte et avec un certain trouble sur la place où les consuls les ont fait convoquer par le crieur public pour entendre les ordres que viennent leur transmettre, de la part de leur seigneur, *noble et puissant monseigneur Bernard-Jourdain de l'Isle*, ses commissaires, Bernard de Gof-fas, chevalier, et Arnaud de Mascaron, damoiseau. Après avoir imposé silence à cette foule anxieuse, les commissaires donnent l'ordre de dési-gner l'homme le plus robuste de chaque maison et d'en former une troupe armée, la moitié avec des arbalètes de fer, et le reste avec des lances, pour assister à la *monstre* qui devait avoir lieu le lendemain à l'Isle et suivre leur seigneur dans la guerre de Flandres.

Mais les troupes levées de la sorte offraient un contingent peu sé-rieux et n'apportaient qu'un concours médiocre pour la guerre ; cette servitude, peu efficace pour le succès, était très onéreuse pour les po-pulations. Aussi la cavalcade fut-elle supprimée dans la plupart des localités. Dans certains endroits, relevant directement de la couronne, on l'avait remplacée par un impôt en argent perçu par les officiers royaux et destiné à la solde de l'armée régulière.

§ 16. — *Poursuite des vassaux.*

La création d'une bastide, source de richesse pour son fondateur, était au contraire une cause de ruine pour les seigneurs voisins qui, moins puissants ou tenant trop à leurs prérogatives, voyaient avec dépit leurs fiefs se dépeupler au profit de la nouvelle ville, dont les privilèges et les puissantes murailles étaient d'irrésistibles appâts pour les habitants de la contrée. Aussi les voyons-nous créer des entraves pour s'opposer à la fondation projetée et empêcher, par tous les moyens en leur pouvoir, leurs vassaux d'abandonner leur domaine pour aller s'établir ailleurs. Dans le principe, le seigneur frustré ainsi de ses revenus par la disparition d'un de ses vassaux avait le droit de le poursuivre et d'en reprendre possession. Mais à mesure que les idées chrétiennes se répandirent dans la société, ce droit de servage ne fut plus exercé brutalement et l'on se contenta d'opposer des obstacles moraux au dépeuplement des fiefs. Nous lisons dans la charte de fondation du Temple de Laramet, en 1134, que les seigneurs qui se dépouillaient de leurs terres en faveur de l'Ordre lui accordaient que, si un de leurs vassaux allait se réfugier dans la nouvelle ville, il pouvait y être reçu, à la condition d'en avertir son ancien seigneur et de lui payer une certaine redevance, « faute de quoi il devra être jeté hors de l'enceinte, lui et son » argent, pour revenir à son ancienne condition. » Peu à peu ce droit tomba complètement en désuétude, mais les barons féodaux n'en continuèrent pas moins à prendre toutes leurs précautions pour éviter les dommages que pouvaient leur procurer l'érection de nouvelles villes dans le voisinage. C'est ainsi que dans le traité de paréage que conclurent ensemble, pour la fondation de la bastide de Cabas, Centulle, comte d'Astarac, et B. Cadolhe, précepteur de l'Hôpital, ce dernier exige du puissant baron l'engagement de ne pas bâtir d'autres villes distantes de celle-ci de moins d'une demi-lieue.

§ 17. — *Formariage.*

Ce droit, dont les détracteurs systématiques des siècles passés ont

donné de si odieux tableaux et de si mensongères explications, consistait en une redevance, généralement assez peu considérable, qu'étaient
obligées de payer à leur seigneur les filles de leurs vassaux, qui voulaient se marier hors de leurs domaines. C'est ainsi que nous voyons, en
1283, Pons de Francazal accorder aux Templiers de Montsaunès le privilège d'exemption de cette redevance pour celles de ses vassales qui
iraient se marier sur leurs fiefs. L'origine de ce droit, nous la retrouvons aussi dans la crainte qu'éprouvaient les seigneurs de voir leurs
domaines se dépeupler et leurs revenus disparaître avec les vassaux
qui cultivaient leurs terres. Du reste, toutes les chartes des douzième et
treizième siècles constatent la disparition de cet usage et proclament
pour les habitants, la liberté absolue de marier leurs filles où bon leur
semblerait.

On le voit, il y a loin de cette coutume, très facilement explicable par
l'organisation de la propriété pendant le moyen âge, à ces monstrueu-
ses ignominies qu'on raconte dans beaucoup de livres sous le nom de
droit du seigneur, et qui sont trop souvent jetées dans un public ignorant
comme un ferment de haine et comme une insulte gratuite à nos pères
qui auraient imposé ou subi un tel degré d'avilissement.

CHAPÎTRE II.

CONCESSIONS ET FRANCHISES ACCORDÉES AUX VASSAUX.

§ 1. — *Concessions de terrains.*

Quand un seigneur voulait construire une bastide, il faisait connaître
à tous les habitants de la contrée le jour de cette fondation. Ce jour-là,
le *pal*, longue perche surmontée de son écusson, était planté au milieu
de l'emplacement de la future ville, dont l'enceinte était marquée par un
fossé creusé dans le sol. Sur ce terrain, ainsi limité, étaient tracés des
sillons se croisant régulièrement et formant comme les cases d'un vaste
échiquier. C'étaient les rues, les places et les emplacements de maisons
de la future ville. Chaque homme voulant y fixer sa résidence recevait

du seigneur un de ces emplacements, où il devait construire, dans un délai fixé, son habitation, et dont les dimensions étaient égales entre elles et déterminées proportionnellement à celles de la ville elle-même. Elles étaient, à Marestang, de 4 *canes* de long sur 8 de large; à Plagnes, de 5 *périons* de long sur 12 de large; à Saint-Gauzens, de 4 *brassées* de long sur 10 de large; et à Ornessan, de 12 coudées de long sur 35 de large.

Quelquefois les espérances du fondateur se trouvaient dépassées et des vassaux leur survenaient, pour lesquels il n'avait plus d'emplacement dans l'enceinte; il les établissait, dans ce cas, tout autour des murailles. L'agglomération des maisons ainsi bâties formait les faubourgs (*barris*) de la ville.

Outre la place de leur maison, les habitants recevaient en général des terrains plus ou moins vastes, soit pour leurs jardins, soit pour leur culture. Ces terrains, concédés à titre de propriétés irrévocables, moyennant une certaine redevance, étaient distribués également, dans le principe, entre les habitants. Il y avait parfois quelque exception à cette règle : c'est ainsi qu'à Aignes (Lauragais) on accordait, à tout homme venant s'y établir, un emplacement de maison, un jardin, une aire et une seterée de terre, tandis qu'on supprimait les deux derniers articles si c'était une femme. Comme nous l'avons fait remarquer plus haut, les seigneurs concédaient de plus, à leurs nouveaux vassaux, la propriété des terrains boisés ou incultes qu'ils parviendraient à défricher, en se réservant la dîme, les prémices, l'agrier et toutes les récoltes qui y seraient recueillies.

Les seigneurs donnaient de plus aux nouvelles villes des terrains communaux, qui étaient destinés au pâturage et désignés sous le nom de *padouencs*.

§ 2. — *Liberté de séjour dans les bastides.*

Les habitants, qui venaient s'établir dans une bastide, n'étaient pas forcés d'y demeurer à perpétuité, si l'expérience leur inspirait l'envie de se transporter ailleurs. Pour engager même les paysans des contrées voisines à venir essayer des charmes de la résidence dans la ville qu'il venait de fonder, le seigneur promettait, dans le cas où ils voudraient se retirer ailleurs, de protéger les émigrants jusqu'à une journée de marche, et même, ordinairement, de leur fournir gratuitement des moyens de transports pour leurs personnes et leurs meubles.

§ 3. — *Franchises et immunités.*

Comme nous l'avons vu dans le chapitre précédent, presque toutes les chartes renferment la suppression des questes, albergues, tailles et emprunts forcés, que nous voyons désignés quelquefois sous le nom de *mauvaises exactions.* Ordinairement, ces exemptions étaient définitives; pourtant, par exception, elles pouvaient n'être que provisoires et ne devaient durer qu'un nombre déterminé d'années, pour permettre aux habitants de subvenir aux frais de leur premier établissement. C'est ainsi qu'à Saint-Gauzens (Albigeois) nous voyons le vicomte de Lautrec exempter ses vassaux de tailles pendant les dix premières années.

§ 4. — *Droits d'usage et de dépaissance.*

Ordinairement le seigneur accordait à ses vassaux les droits de pâturage et d'usage dans les immenses forêts dépendant de sa seigneurie. Ces privilèges étaient ordinairement absolus. Pourtant, dans certains endroits, les habitants étaient obligés de renfermer leurs troupeaux, pendant la nuit, dans l'enceinte formée autour de leurs maisons. Nous trouvons, dans certaines chartes, la défense de garder les porcs dans les bois jusqu'à une certaine époque, à cause des glands que le seigneur réservait pour son bétail pendant cette période. Quand l'étendue des bois n'était pas très considérable, certaines restrictions étaient apportées dans les droits d'usage, les habitants ne pouvant prendre que le bois mort ou le menu branchage. Quelquefois le seigneur exigeait en retour une certaine redevance. A Cadelhan (Gascogne), chaque chef de maison devait payer pour ce privilège une rente d'*une galline grasse et suffisante.* Du reste, toutes ces dispositions variaient selon les modes d'agriculture et l'élevage de bestiaux dans les différentes parties de la région.

4

§ 5. — *Droits de chasse et de pêche.*

Ces droits étaient presque partout concédés par les seigneurs à leurs vassaux, dont cet exercice constituait le délassement favori. Nous avons vu plus haut que, pour sauvegarder le maintien de leurs prérogatives, en se dessaisissant de ce droit dont la féodalité se montrait en général si jalouse, ils s'étaient réservé une certaine part sur les prises. Pour s'opposer à la dépopulation de leurs forêts et se réserver les moyens de se livrer eux-mêmes *aux nobles déduits de la chasse*, ils établirent ordinairement des réglementations minutieuses. C'est ainsi qu'à Figarol (Comminges) il était interdit aux habitants « de chasser autrement » qu'avec l'arc ou l'arbalète, et de prendre des oiseaux de proie, des » sangliers, des chevreuils, des cerfs et autres gros animaux. » A Fronton, les vassaux des chevaliers de Saint-Jean ne pouvaient se servir que « de pieux, d'arcs, d'arbalètes et de chiens, mais jamais de » filets, rêts ou autres pièges, ni de furets. » C'est surtout pour protéger les lapins de la garenne seigneuriale que les chartes veillent avec un soin jaloux. A Fronton, si les chiens courants venaient à prendre quelqu'un de ces animaux, le chasseur devait le rendre au château ou le faire dévorer sur place par sa meute, sans pouvoir, dans aucun cas, l'emporter chez lui, et cela sous peine d'une assez forte amende. Nos populations, goûtant très fort les charmes de cet exercice et s'y livrant avec ardeur, les abus ne tardèrent pas à s'introduire; les prohibitions établies étaient rarement respectées, et il devenait souvent assez difficile de réprimer ces infractions au règlement. C'est ce que nous voyons se produire au Temple de Breuil, en Agenais. Lorsque le commandeur Denys de Polastron-la-Hillière, après plusieurs années passées à l'île de Malte, vint visiter en l'année 1625 sa circonscription, il fut péniblement surpris à la vue de ses paysans parcourant ses forêts « avec des quantités de chiens, de levriers et de furets, armés d'ar- » chebuses et chassant tout comme de nobles seigneurs. » Il voulut en vain interposer son autorité pour faire rentrer toutes choses dans leur ordre normal. Ses vassaux se mutinèrent, et il fallut réclamer l'assistance du sénéchal pour apaiser la sédition.

Nous trouvons dans certains endroits, outre la concession du droit
de chasse et de pêche, la liberté accordée aux habitants de posséder,
sans empêchement de la part du seigneur, des garennes et des viviers
(Saint-Gauzens, Albigeois).

§ 6. — *Droit d'asile.*

Tout le monde sait ce qu'était ce droit d'asile, en vertu duquel la
justice humaine, trop souvent aveugle et violente dans les premiers
temps du moyen âge, ne pouvait atteindre un accusé qui avait pu se
réfugier dans un endroit consacré par la religion ; touchante invention
de l'Eglise qui réussit à abriter bien des fois, à l'ombre des autels, les
faibles menacés par un puissant adversaire. Ce privilège, accordé à un
grand nombre de territoires et de villes, assurait à leur population un
développement rapide. Mais si, dans le principe et au milieu du désor-
dre général, le droit d'asile avait rendu d'incontestables services, il
devait, dans la suite, amener d'innombrables abus, en soustrayant à
l'action de la justice, définitivement constituée. les criminels qui trouvaient à chaque pas des lieux où ils pouvaient se mettre en sûreté. Du
reste, si la population d'une ville gagnait ainsi en nombre, elle était
loin d'acquérir par ce moyen des éléments de prospérité. Aussi voyons-
nous les seigneurs occupés sans cesse à restreindre et à réglementer ce
droit d'asile. Les fondateurs de bastide déclarent qu'on n'y recevra ni
traîtres, ni meurtriers, ni voleurs, et que, s'ils s'y introduisent, ils en
seront immédiatement expulsés.

§ 7. — *Défense, fortifications et garnisons des villes.*

Le principal devoir qui incombait aux seigneurs en compensation de
leurs avantages sociaux était la protection militaire des populations
relevant de leurs juridictions. C'était là, en effet, la base fondamentale
de la société d'alors. C'était la loi, comme la raison d'être, des rapports
existant entre les diverses classes de la hiérarchie féodale. Ces devoirs,
dans l'accomplissement desquels leur intérêt même se trouvait engagé,
rentraient du reste trop bien dans les habitudes des barons du moyen

âge pour n'en être pas fidèlement observés. Elevé derrière les sombres murailles du donjon paternel, façonné, par son éducation mâle et sévère, à la rude carrière des armes, le fils du seigneur était prédisposé, dès ses jeunes années, à considérer comme toute naturelle cette vie de périls, d'aventures et de combats. Il soupirait après le moment où son bras serait assez fort pour manier la lourde épée de son père, et où, chevalier à son tour, il pourrait aller, lui aussi, payer à son pays cet impôt du sang dont la féodalité avait alors la charge exclusive et le glorieux monopole.

Aussi ne leur répugnait-il nullement d'avoir à dépenser cette ardeur belliqueuse pour la défense des malheureux vassaux exposés, sans ressources, aux agressions du dehors. Il s'établissait ainsi entre ces deux classes de la société un échange de services réciproques : les seigneurs distribuaient aux vassaux des portions du territoire paternel, leur assuraient la securité matérielle et la protection de leurs épées; en revanche de quoi, ils exigeaient d'eux le paiement de redevances et la continuité de certains services.

Pour s'acquitter de ces obligations militaires vis-à vis des vassaux qu'il avait à protéger, le premier soin du seigneur était de leur procurer un lieu de refuge où ils pussent s'abriter en temps de guerre, et, pour cela, de fortifier la petite ville dépendant de sa juridiction.

Dans les chartes de fondation de bastides remontant au treizième siècle, on trouve ordinairement la promesse faite par le seigneur de construire une enceinte de remparts dont l'entretien et les réparations regarderont dans la suite les habitants.

Le siècle suivant inaugura dans la fortification militaire une nouvelle période. L'invention de la poudre à canon allait bouleverser en peu de temps toute la pratique guerrière de l'époque. Dans nos contrées, la guerre contre les Anglais fut une cause spéciale de modification dans l'art de la défense des places. A la suite de la terrible invasion par le prince de Galles dans nos provinces du Midi, en 1355, et de la dévastation qui en fut la conséquence, il fallut, malgré la misère générale, se mettre résolument à l'œuvre et se hâter de relever les fortifications renversées, tristes traces du passage de l'armée ennemie. Aussi, pendant toute la seconde moitié du quatorzième siècle, voyons-nous de tous côtés les petites villes de nos contrées travailler avec ardeur à relever leurs murailles détruites et à compléter leurs enceintes fortifiées. Dans cette œuvre d'intérêt commun, où tous auraient dû s'employer avec une égale ardeur, nous voyons se produire un nombre considérable de discussions entre les seigneurs qui, en vertu des conventions admises dans les chartes primitives, prétendaient n'avoir pas à concourir à ces travaux de restauration, et les vassaux qui, réduits à la misère la plus absolue, refusaient d'ajouter à leurs pertes de nouvelles dépenses. Ces discussions se terminaient ordinairement par des arbitrages et des transactions qui partageaient entre les deux parties les charges de ces travaux d'une incontestable nécessité.

Plus tard, il arriva que les représentants de l'autorité royale prirent d'eux-mêmes des mesures pour faire fortifier d'office certaines places, quand les seigneurs de ces dernières négligeaient de le faire, et que cette mesure intéressait la défense générale du pays. C'est ainsi que nous voyons, en 1367, le duc d'Anjou, lieutenant général de Languedoc, donner, d'après l'avis du sénéchal de Toulouse, *pour éviter le dommage irréparable et le déshonneur que causerait à la patrie tout entière l'occupation de la ville de Poucharramet par les ennemis et les routiers*, l'ordre au juge de Rivière d'y faire exécuter des travaux de fortification et de faire mettre sous le séquestre les biens des chevaliers de Saint-Jean, seigneurs hauts justiciers de ce territoire, s'ils ne prêtaient pas un concours empressé à cette entreprise d'intérêt général. Cette action royale eut plus d'une fois aussi à s'exercer contre les vassaux qui refusaient à leurs seigneurs de prendre une part quelconque à la mise en état de défense de leurs villes : c'est ce que nous voyons souvent se produire pendant la période des guerres religieuses, où la nation, partagée en deux camps, se déchire avec acharnement, et où chaque petite localité a sa chronique militaire, l'histoire des sièges, des pillages et des destructions subis. Découragés par la misère et peut-être attachés secrètement au parti adverse, les vassaux ne se souciaient guère parfois de coopérer à la reconstruction des murailles abattues. Après la destruction de la place de Fronton par les protestants, en 1567, le grand prieur de Saint-Jean de Toulouse releva généreusement les remparts à ses frais, quoique ces réparations incombassent aux habitants; mais, poussé à bout par la mauvaise volonté de ces derniers, qui refusaient même de s'employer au creusement des fossés, il fut obligé de réclamer l'assistance du duc de Dampville, lieutenant général du Languedoc, qui, vu l'importance réelle de cette position, s'empressa d'enjoindre aux consuls récalcitrants d'avoir à fournir immédiatement leur contingent de travailleurs pour les réparations des fortifications, *à peine d'estre dictz et déclarez rebelles au Roy* (1569).

Mais il ne suffisait pas de construire ou de réparer des murailles, il fallait aussi les garder et les défendre. De même que nous venons de voir les seigneurs et les vassaux coopérer chacun pour sa part aux frais de la première partie de cette œuvre militaire, de même chacun d'eux devait concourir à la seconde. Cette charge variait beaucoup avec les circonstances. En temps ordinaire, les remparts étaient déserts. Un gardien sûr, *prud'homme* désigné par le seigneur et les consuls, était chargé de lever et de baisser les ponts-levis, d'ouvrir et de fermer la porte. Dans quelques localités importantes, un homme de la ville, perché sur le haut de la tour du guet, promenait un regard distrait sur la campagne environnante. Mais la guerre vient d'éclater. Le tableau change soudaine d'aspect : la ville s'anime et se met sur la défensive. Le seigneur visite les remparts, ordonne aux consuls les réparations à faire, les postes et les sentinelles à placer. Pour augmenter leur vigilance, le nombre des guetteurs est ordinairement doublé. Les habitants doivent fournir chaque jour un homme de guet et plusieurs hommes de garde au château du seigneur.

Quand ce dernier ne résidait pas dans une de ses villes, les fonctions de commandant de place passaient au capitaine qu'il y avait nommé et qui était responsable de la sécurité des habitants, de la discipline de la garnison et de la vigilance des sentinelles et guetteurs.

Lorsque les circonstances devenaient critiques, le seigneur s'empressait, quand il le pouvait, de remplacer la troupe fournie par les consuls et peu habile au métier de la guerre, par des hommes d'armes qu'il soudoyait pour la durée des hostilités. Quelquefois même, le trésor royal lui fournissait, quand la place était importante, des subsides destinés à payer les soldats qu'il aurait pris à son service. C'est ainsi que nous voyons, en 1572, le sénéchal de Toulouse faire délivrer au chevalier Hugues de Loubens-Verdalle, commandeur de la Villedieu, la somme de 516 livres, montant de la solde mensuelle de la garnison *qu'il avoit dans ce chasteau pour le tenir en l'obeyssance du Roy.* A peine le danger passé ou la guerre apaisée, le seigneur ne se faisait faute de congédier les mercenaires et d'inviter les habitants à reprendre leur service de garde et de guet, comme par le passé. Mais ce n'était pas sans beaucoup de difficultés que cette substitution pouvait s'opérer : les paisibles citadins ne renonçaient pas sans peine à la douce habitude de rester tranquillement derrière les murailles gardées par les soudards du baron, et les archives nous ont conservé le souvenir des nombreux procès soulevés par eux pour se soustraire à une obligation qu'ils ne supportaient qu'avec impatience.

CHAPITRE III.

COUTUMES CIVILES.

§ 1. — *Ventes.*

La liberté de vente pour les biens meubles était partout absolue; on en pouvait disposer suivant sa volonté, sans que le seigneur eût rien à réclamer. Il n'en était pas de même pour les immeubles. Outre les droits que les vassaux devaient payer en cette circonstance, la vente n'était valide que lorsqu'elle avait été approuvée par le seigneur; ce consentement s'appelait *lauzine.* Ces restrictions, apportées à la liberté de vente des immeubles, avaient pour but d'empêcher leur transmission à certaines personnes privilégiées, que leur condition exemptait du paiement des redevances qui pesaient sur les autres habitants. Ainsi, on comprend qu'un seigneur devait s'opposer à ce que ses terres fussent achetées par des chevaliers, des clercs, des ordres religieux. Remarquons que dans le Toulousain on faisait figurer les juifs dans cette catégorie de personnes à qui il était interdit de vendre. Nous trouvons la raison de cette particularité dans la fréquence des mesures de rigueur et des confiscations prononcées contre eux par les rois de France, ce qui pouvait faire passer ces biens dans le domaine royal. Beaucoup de chartes défendent la vente des immeubles à d'autres personnes qu'aux habitants de la ville elle-même ; mesure destinée à prévenir les inconvénients que nous signalions tout à l'heure. Dans plusieurs localités, cependant, les ventes aux personnes privilégiées pouvaient avoir lieu, après en avoir obtenu l'autorisation du seigneur, qui exigeait préalablement que les acheteurs prissent l'engagement d'acquitter leurs redevances, sans tenir compte des exemptions dont ils jouissaient.

§ 2. — *Mariages.*

Nous avons déjà vu que les chartes abolissaient le droit de formariage. Il nous reste à examiner ici quelles étaient les dispositions indiquées à ce sujet. Voici la traduction de l'article qui règle la dot et que nous retrouvons dans plusieurs chartes de nos contrées :

« Si quelqu'un se marie et prend sa femme avec 1,000 sols de dot,
» il lui donnera pour les noces 50 sols et toujours dans la même pro-
» portion, à moins qu'ils n'aient fait entre eux d'autres conventions. Si
» le mari survit, n'ayant pas d'enfants de cette femme, il jouira de la
» dot, sa vie durant, et, à sa mort, les parents ou héritiers de la
» femme récupéreront la dot, à moins que cette dernière ne l'ait donné
» à perpétuité à son mari. Si la femme devient veuve avec un enfant,
» elle récupérera sa dot ainsi que la donation pour noces ; à sa mort,
» les enfants qu'elle aura eus de son mari, ou le tuteur désigné par le
» testament du père, récupéreront la donation pour noces. »

Si, par suite d'une condamnation, les biens d'un habitant sont confisqués, le seigneur devra, avant toutes choses, prélever sur leur prix et restituer sa dot à la femme du condamné.

§ 3. — *Testaments.*

Dans toutes nos contrées, la liberté testamentaire était reconnue et faisait la base de toutes les dispositions prises à ce sujet. Les habitants, ainsi que le proclament toutes les chartes, pourront tester en toute liberté et disposer de leurs biens comme ils le voudront. Il y avait pourtant une part de la fortune immobilière qui était, d'après l'usage, réservée aux enfants, et dont les chartes font mention, sans la faire connaître :

« Quiconque voudra donner ses biens, » dit la coutume de Fajolles, « pourra le faire, et sa donation sera valable pour toujours, à la condi- » tion que les enfants reçoivent de la terre donnée la portion fixée par » l'usage. »

Si un père mourait sans faire testament, ses biens se partageaient également entre tous ses enfants, garçons ou filles; dans certaines contrées, l'aîné, comme chef de maison, avait un avantage de 5 sols de rente (Bazadois). Mais, en général, le père était libre d'avantager un de ses enfants : « Ce serait chose inadmissible, » lisons-nous dans un vieux document, « que le père ne pût donner une plus grande part de sa for- » tune à un bon fils ou à une bonne fille qui lui a toujours fait hon- » neur et qui lui a rendu les services qu'il a pu. » Dans certaines par- ties du Midi (Bordelais, Bazadois), cette liberté était limitée, et le père, tout en ayant le pouvoir de donner à un de ses enfants, de la main à la main, autant d'argent qu'il voudrait, ne pouvait lui laisser, dans son testament, un avantage qui dépassât la douzième partie de ses biens.

Les législateurs s'attachaient à donner des facilités très grandes pour l'expression des dernières volontés. Ainsi, les testaments faits devant les consuls de la ville, ou un délégué du seigneur ou même en pré- sence de témoins dignes de foi, avaient la valeur d'un acte public, « quand même ils n'auraient pas été rédigés suivant la solennité des » lois. »

Les différentes chartes, après avoir proclamé cette grande base de la liberté d'alors, contiennent des règlements détaillés sur les héritages des intestats. A Montsaunès (Comminges), la disposition en est laissée en- tièrement aux parents « ou même aux *amis* du défunt, qui devaient » tout régler comme il leur paraîtra être juste; » remarquable respect pour les dernières volontés, que l'on considérait alors comme sacrées, et qui entrent pour si peu de choses dans les préoccupations de la lé- gislation actuelle. En général, lorsqu'un habitant mourait sans faire de testaments et ne laissait pas d'héritiers naturels et directs, sa fortune était recueillie, après inventaire, par les consuls ou *deux prudhommes*, et gardée par eux pendant un an et un jour; si, dans cet intervalle, il se

5

présentait devant eux un héritier qui pût prouver ses droits, ils leur
remettaient le dépôt confié à leurs soins; dans le cas contraire, cet héritage revenait au seigneur, qui, après avoir acquitté toutes les dettes,
devait en outre faire des aumônes pour le repos de l'âme du défunt.
Cette disposition était générale dans le Toulousain et dans presque tout
le Midi : notons pourtant comme exception le règlement que nous trouvons dans la charte de Cours, petite ville du Bazadois, et d'après lequel
la moitié des biens d'un intestat revenait au seigneur et l'autre moitié
aux plus proches parents du défunt.

CHAPITRE IV.

ORGANISATION JUDICIAIRE.

L'organisation judiciaire se retrouve identique dans toutes les contrées du Midi, au moins pour ses bases générales; nous allons étudier
successivement la composition des tribunaux, les cours d'appels, les officiers de justice et greffiers, les différents codes en vigueur, les prisons
et fourches, les frais de procès.

§ 1. — *Tribunaux.* — *Cours d'appels.* — *Leurs officiers.*

Comme nous l'avons vu tout à l'heure, les tribunaux étaient compo-
sés, dans chaque localité, du juge ou du bailli du seigneur et de leur
assesseur, des consuls de la ville et du greffier de la cour. Si leur com-
pétence en matière civile était souvent réduite aux causes de peu d'importance, il n'en était pas de même en matière criminelle. Ordinairement, les procès civils pour une somme supérieure à 4 sols étaient
réservés à la cour du seigneur, c'est-à-dire à son juge assisté de son
greffier.

Les différents degrés de juridiction correspondaient à ceux de la hiérarchie féodale, et les parties qui se croyaient lésées pouvaient toujours
porter leur appel à la cour du sénéchal. Mais, avant d'arriver à ce tribunal, on pouvait être soumis à différentes juridictions intermédiaires,

Ainsi, les chevaliers de Saint-Jean et du Temple avaient organisé dans la province certaines *baillies*, formées de la réunion de plusieurs de leurs seigneuries avoisinantes. Le juge de cette baillie se transportait successivement dans chaque localité de son ressort pour y présider les assises : on ne pouvait appeler de ses sentences qu'au tribunal supérieur du grand-prieur de Saint-Gilles ou du maître du Temple en Provence. De fortes amendes étaient prononcées dans les règlements contre les habitants qui porteraient indûment leur appel devant des juridictions étrangères. Cette cour d'appel des Templiers et des Hospitaliers n'était pas vue sans impatience par les comtes de Toulouse et plus tard par les rois de France. Aussi voyons-nous Alphonse de Poitiers concéder à G. de Villaret, grand-prieur de Saint-Gilles, une charte de privilèges où il lui abandonnait plusieurs territoires et juridictions qu'ils se disputaient depuis longtemps, mais se réserver expressément le *Ressort*, dont il donne dans ce document l'explication suivante :

« ... Nous entendons par *Ressort* le droit, dans le cas où les cheva-
» liers de Saint-Jean montreraient de la négligence à rendre la justice,
» après en avoir été requis par nous ou par notre sénéchal, de pouvoir
» évoquer l'affaire à notre tribunal, et, en outre, qu'après l'appel au
» précepteur ou au grand-prieur, suivant le cas, le second appel nous
» revienne de droit. »

Plus tard, lorsque les seigneurs, ayant perdu peu à peu leur puissance et leurs moyens d'action, se trouvèrent dans l'impossibilité de faire exécuter les sentences de leurs tribunaux, ils furent obligés d'implorer en maintes circonstances l'assistance des officiers royaux, surtout quand le condamné jouissait d'une certaine influence et que l'esprit turbulent de la population faisait craindre quelques troubles. C'est ainsi que petit à petit la juridiction royale s'imposait à tous et se substituait sans secousse à celle de la féodalité.

Les seigneurs nommaient et rétribuaient leurs juges et leurs assesseurs; mais le greffier était choisi par les consuls et devait garder le registre des arrêts. Les exécuteurs et autres officiers de justice étaient aux gages des seigneurs.

§ 2. — *Code criminel*.

Les articles de ce code sont exposés avec beaucoup de détails dans les diverses chartes qui nous fournissent la matière de cette étude. Il est facile de supposer *à priori* les inconvénients qui devaient amener les différences de législation dans des contrées voisines; hâtons-nous pourtant de constater que la comparaison de tous ces documents nous a prouvé que, sauf quelques particularités de détail, les bases générales du Code criminel étaient presque partout les mêmes. Nous allons donner ici un rapide aperçu des peines, soit pécuniaires, soit corporelles, édictées contre les différents crimes ou délits :

1° *Homicide*. — Dans tous les pays, le meurtrier devait être puni de mort et ses biens étaient confisqués au profit du seigneur, après avoir satisfait ses créanciers et restitué la dot à sa femme. La coutume de Salvagnas (Agenais) ordonnait que le corps de l'assassin serait enseveli au-dessous de celui de sa victime. Certaines chartes déclaraient qu'aucune peine ne serait encourue par celui qui aurait tué un de ces malfaiteurs appelés *couteliers*, et armés de poignards pour dévaliser les passants.

2° *Blessures légales*. — On désignait ainsi celles qui, à cause de leur gravité, étaient punies d'une manière spéciale; elles devaient avoir une *once de pouce* en largeur et en profondeur. L'amende prononcée dans ce cas-là variait, suivant les localités, de 60 à 65 sols de la monnaie courante.

3° *Vols*. — Les dispositions des différents codes contre les voleurs sont très variables. Ainsi, tandis que dans les chartes de Fronton et de Puysiuran nous ne trouvons que la peine de mort prononcée contre le vol avec effraction, la plupart des documents contiennent des distinctions multipliées reposant sur la valeur de l'objet volé et sur les circonstances du crime. A Fonsorbes, le voleur d'un objet de moins de 12 deniers devait *courir la ville*, c'est-à-dire être conduit dans les différentes rues et places avec cet objet pendu au cou et payer une amende de 5 sols; si l'objet volé valait plus de 12 deniers, le coupable devait être marqué au front pour la première fois et pendu pour la seconde.

A Montsaunès, celui qui avait volé pendant la nuit était puni de la course et d'une amende, variable suivant la valeur de l'objet, et devait restituer cette dernière à la victime; si le vol avait été commis pendant le jour, le coupable était condamné aux mêmes peines, et la restitution, dans ce cas, était fixée au double de la valeur de l'objet. A Salvaignas (Agenais), pour un vol de jour, le coupable était puni de 5 sols d'amende; pour un vol de nuit, il l'était, la première fois, de 65 sols d'amende; pour la deuxième, il était marqué au front, et pour la troisième, il était pendu; des peines très sévères étaient prononcées par la même charte contre les voleurs de bestiaux; ainsi, le voleur d'un bœuf, d'un cheval ou d'un âne était pendu et ses biens étaient confisqués; celui qui aurait pris un porc, un bélier, une brebis ou une chèvre, devait payer une amende de 15 sols et être banni de la ville. A Saint-Gauzens (Albigeois), la peine de mort et la confiscation des biens étaient prononcées contre celui qui aurait volé de nuit des vêtements ou des bestiaux. A Cours (Bordelais), l'auteur d'un vol commis en plein jour, pour la première fois aura l'oreille coupée et sera pendu pour la seconde; cette dernière peine était toujours prononcée, si le vol était commis la nuit.

4° *Trahison.* — *Conjuration.* — Dans ces deux cas, les coupables étaient punis de mort.

5° *Faux poids.* — *Fausses mesures.* — Les législateurs s'étaient en général montrés très sévères pour ce crime, qu'ils assimilaient au vol, et que nous voyons puni de mort à Puysiuran, et d'une amende de 60 sols à Fonsorbes, Plagnes, Fronton, Goutz. A Fajolles et à Salles, l'amende n'était que de 20 sols.

6° *Fabrication de fausses monnaies.* — Le supplice des faux-monnayeurs est spécifié dans plusieurs documents. Ils devaient être plongés dans une cuve d'eau bouillante.

7° *Adultère.* — L'étude de toutes ces chartes nous a conduits à remarquer le soin que prend le législateur pour prévenir les fausses accusations dans les cas où les apparences pouvaient souvent égarer la justice; ainsi, il fallait, pour que les adultères fussent poursuivis devant les tribunaux, qu'ils eussent été surpris par deux consuls ou deux prudhommes de la ville. Les chartes du moyen âge portent contre ces sortes de crimes une peine ignominieuse qui peint bien toute l'horreur qu'ils inspiraient, mais qui ne laissait pas que d'être un danger pour la morale publique. C'était la promenade honteuse qu'on faisait faire aux coupables, tout nus et liés ensemble, par les rues de la ville. Il est vrai que, pour obvier aux graves inconvénients qui en pouvaient résulter, les coupables pouvaient se racheter de cette peine au moyen d'une forte amende (60 ou 100 sols d'amende).

8° *Viol*. — Le corps et les biens du coupable étaient à la merci du seigneur.

9° *Séduction de jeune fille*. — Notons une disposition remarquable que nous trouvons dans les coutumes de Saint-Clar, et qui nous paraît inspirée par un profond sentiment de justice : « Si le séducteur est d'une » naissance plus élevée que la victime, il doit l'épouser ou lui procurer » un mari de même rang qu'elle; s'il est d'une naissance moins élevée, » il doit lui procurer un mari de même condition qu'elle, et, s'il ne » le peut, il sera condamné à une peine corporelle et à une satisfac-» tion pécuniaire déterminée par le seigneur. »

10° *Rupture de ban*. — L'amende prononcée dans ce cas était ordinairement de 60 sols.

11° *Coups et blessures*. — Les différentes chartes entrent à ce sujet dans de minutieux détails et contiennent une très grande variété de peines, suivant la gravité du fait et la nature de l'instrument, pierre, bâton, couteau ou épée dont l'accusé s'était servi. Dans tous les cas, l'affaire n'était portée devant la justice que sur la plainte de la victime, à qui le coupable était tenu de payer une satisfaction pécuniaire, tout en versant une amende dans la caisse du seigneur. La coutume de Salles (Comminges) prononce une amende de 60 sols contre celui qui aurait frappé un consul, tandis que l'amende infligée pour le même coup, porté à toute autre personne, n'était que de 4 deniers.

12° *Délits contre l'autorité royale*. — Les législateurs n'avaient prononcé dans ce cas-là que trois sortes de peines, d'après ce que nous lisons dans les coutumes du Bazadois : l'amende de 6 sols, celle de 66 sols, et la peine capitale, accompagnée de la confiscation des biens. La seconde de ces peines était prononcée contre celui qui aurait empiété sur un chemin royal pour agrandir sa propriété.

13° *Injures*. — En général, les injures n'étaient punies par la loi que si l'accusé ne pouvait prouver devant la justice qu'il était dans la vérité en les prononçant. Les amendes prononcées étaient extrêmement variables, suivant les localités, mais devaient toujours être accompagnées d'une satisfaction pécuniaire attribuée à la partie lésée. La même coutume de Salles contient également des dispositions particulières contre ceux qui auraient injurié, soit les consuls, soit le juge; dans le premier cas, l'amende est fixée à 5 sols, et, dans le second, le coupable était condamné à 30 sols d'amende, et, de plus, à quinze jours de prison *au pain et à l'eau*. A Salvaignas, les injures prononcées contre la cour étaient sévèrement punies; si l'accusé ne pouvait parvenir à prouver la vérité de ses assertions, il devait payer 65 sols d'amende et venir le dimanche d'après, à l'église, jambes nues, pieds nus, en chemise et en braies, et là, en présence de toute la paroisse, faire réparation à la cour et rétracter les injures prononcées par lui.

Dans tous les cas précédents, les seigneurs percevaient la totalité des amendes infligées. C'était, du reste, de là qu'ils devaient prélever les gages de leurs juges et de leurs autres officiers de justice. Dans les petites localités, de tels établissements ne laissaient pas que d'être fort onéreux pour les seigneurs, qui ne trouvaient dans les amendes prononcées par leur cour que des recettes tout à fait disproportionnées avec les dépenses qu'ils devaient faire pour cela. Nous avons trouvé dans les archives un document assez intéressant sous ce rapport : c'est le compte des recettes et des dépenses faites pendant plusieurs années consécutives par le tribunal de la petite ville du Thor-Bolbonne, dépendant de l'Ordre de Saint-Jean; nous y voyons que, sur sept années, six ne fournissent aucune cause, et, par suite, aucune amende, et que la modique somme de 18 sols tolsas constitue la recette de 1284; pendant ce temps, les seigneurs étaient tenus de payer tous les ans, comme appointements à leur juge, la somme relativement considérable de 30 sols tolsas.

Quand un criminel était exécuté, ses biens étaient confisqués au profit du seigneur haut justicier. Mais, comme nous l'avons déjà fait observer plus haut, ce dernier n'en percevait pas la totalité. On prélevait sur cette fortune tout d'abord les frais de sépulture, la dot de la femme et sa donation de noces, la redevance due au seigneur de la maison où demeurait le condamné, puis les dettes laissées par ce dernier, suivant leur rang d'ancienneté. Ce qui restait devenait la part du seigneur.

§ 3. — *Procédure criminelle.* — *Frais de justice.*

Comme nous l'avons vu plus haut pour toutes les causes qui n'entraînaient pas une peine corporelle, la prison préventive était supprimée; mais il fallait, dans ce cas, que l'accusé prît l'engagement d'ester en justice au jour indiqué et fournît pour cela une caution suffisante. S'il faisait défaut au jour indiqué, une forte amende était prononcée contre lui et venait s'ajouter aux autres peines qu'il avait à subir. Ses biens, de plus, étaient saisis et confiés à la garde des deux hommes les plus honnêtes de la ville, qui devaient les gérer pendant un an; si, durant cet intervalle, l'accusé se présentait pour purger sa contumace, ses biens lui étaient restitués; sinon ils étaient définitivement confisqués, l'année expirée, au profit du seigneur.

L'enquête était faite par le juge, qu'était obligé de payer le demandeur. Quand il se commettait un crime dont l'auteur restait inconnu, et pour lequel personne ne vînt déposer sa plainte, une enquête d'office devait être faite par le juge, assisté des consuls; s'ils ne parvenaient pas à découvrir les coupables, « la communauté de la ville devait réparer le dommage, suivant les bons statuts du diocèse de Toulouse. »

La preuve par témoins était universellement admise dès le douzième siècle, et aucune des chartes que nous avons étudiées ne fait mention des preuves par l'eau, le feu, etc., dont l'usage avait complètement cessé depuis longtemps. Dans certaines contrées, le duel judiciaire existait, mais dans des circonstances très rares. En Gascogne, il n'était admis que dans les deux cas d'un assassinat ou d'une discussion d'héritage. Dans le Toulousain, on ne pouvait jamais obliger son adversaire à l'accepter.

« Jamais un habitant, de quelque crime qu'il soit accusé, ne sera » tenu ou forcé, à moins qu'il ne le veuille, de prouver son innocence » au moyen du duel judiciaire; son refus ne suffira pas pour le con- » vaincre; il faudra que l'accusateur prouve son dire par des témoins » ou d'autres preuves, suivant la forme du droit. »

Dans le Bordelais, où cet usage était plus en vigueur, le duel n'était autorisé que lorsque la preuve par témoin était impossible. Un fragment de vieux manuscrit du quinzième siècle, conservé dans les archives de la Haute-Garonne, nous fournit des détails circonstanciés sur la manière dont on devait procéder en pareil cas. Voici la traduction des articles ayant trait à ce sujet :

« *Demande* : S'il y a deux hommes qui ont un débat et que l'un d'eux
» dise à l'autre : *Si tu dis que tu n'as pas fait une telle action, je soutiens*
» *que tu l'as faite et que tu dis faussement et mauvaisement*, et qu'il jette le
» gage ; si le défendeur relève les gants et s'ils vont devant le juge,
» quel est celui des deux qui a le droit de choisir le juge ?

» *Réponse* : Le défendeur peut et doit choisir le juge ; il dira : *Je re-*
» *lève le gage et je me défendrai par-devant mon juge ou par-devant monsei-*
» *gneur le sénéchal, ou par-devant monseigneur d'Albret*, suivant son choix
» d'après la coutume.

» *D.* Si le défendeur est en Bazadois, s'il ne peut choisir le roi,
» pourra-t-il choisir un baron ? — *R.* Il ne pourra choisir que le séné-
» chal de Bazas, qui doit leur tenir sûre la place du combat.

» *D.* Si le défendeur, n'étant pas en Bazadois, choisit pour juge mon-
» seigneur d'Albret ou un autre seigneur, l'accusateur est-il obligé
» d'aller se battre par-devant ledit monseigneur d'Albret ? — *R.* Il faut
» que l'accusateur suive le défendeur devant le juge que ce dernier aura
» choisi.

» *D.* Quand on se rendra à la *journée*, quel est celui qui doit entrer
» le premier dans la lice, l'accusateur ou le défendeur ? — *R.* L'accusa-
» teur doit entrer le premier dans la lice et le défendeur peut encore
» attendre deux heures jusqu'à ce que son adversaire l'ait fait sommer
» deux fois ; il doit comparaître et entrer dans la lice avant la troi-
» sième sommation ; s'il ne le fait pas, il demeure convaincu du crime
» dont il est accusé.

» *D.* Aux dépens de qui monseigneur le sénéchal doit-il faire tenir
» la journée et préparer la lice ? — *R.* Aux dépens du roi ; car tout
» seigneur est obligé de tenir pour le fait de bataille la place sûre à ses
» dépens, afin de prouver la loyauté de chacun.

» *D.* Peut-il y avoir bataille pour une cause qui peut se prouver ? —

» *R.* Non; c'est pourquoi, au premier serment, le seigneur doit de-
» mander à l'accusateur s'il peut soutenir son dire par témoins; s'il dit
» que oui, il n'y aura pas bataille. S'il peut fournir des preuves suffi-
» santes, le défendeur sera atteint et convaincu du crime dont on l'ac-
» cuse, et le seigneur en fera faire justice selon la coutume générale
» du Bazadois.

» *D.* S'il ne peut le prouver par témoins, il faut que l'accusateur le
» prouve par son corps. — *R.* Dans ce cas, le seigneur doit lui faire ju-
» rer, sur le précieux corps de Dieu, qu'il a bonne, vraie et droite que-
» relle; s'il n'ose pas jurer, il devra subir la peine qu'aurait subie son
» adversaire si le crime avait été prouvé, et le seigneur doit en faire
» justice, selon le cas. Après quoi, le seigneur doit faire jurer au dé-
» fendeur qu'il a bonne et loyale défense; s'il n'ose pas jurer, il sera
» atteint et convaincu, et le seigneur doit en faire justice, selon le cas,
» d'après la coutume.

» *D.* Quand tous les deux ont juré, le seigneur les fait aller combat-
» tre pour prouver par leurs corps. Celui qui est vaincu doit être
» traîné par les pieds et jeté hors de la lice comme un homme infâme,
» parjure, atteint et convaincu du crime. »

Dans les cas ordinaires, quand l'affaire était portée devant les tribunaux, chacune des parties choisissait son avocat (*razonador*) pour défendre ses intérêts. Quand l'une des deux ne pouvait s'en procurer, le
seigneur devait lui en fournir un d'office. Les frais de justice étaient
supportés par le perdant, mais n'étaient exigibles qu'après le paiement
des sommes adjugées à la partie adverse.

Quand une peine corporelle était prononcée, le seigneur haut justicier était chargé de l'exécution. Le condamné était conduit par ses
hommes d'armes au *pilori* ou aux *fourches*, suivant le cas. Le *pilori* était
une sorte de petite tour, élevée sur la place du marché, au sommet de
laquelle le condamné était exposé, le cou retenu dans une sorte de car-
can, pendant un temps plus ou moins long, aux regards de la foule.
Les *fourches patibulaires*, construites sur l'éminence voisine, étaient destinées au supplice des condamnés à la pendaison; ce lugubre monu-
ment consistait en une série de piliers reliés entre eux par des traver-
ses, au milieu desquelles étaient fixées les cordes fatales.

Un des caractères qui distingue les hommes de cette époque, c'est le contraste qui existait entre leurs dehors rudes et impitoyables et l'excessive sensibilité de leurs cœurs. Qui n'a lu avec émotion, dans notre vieux Joinville, comment ces hommes de fer, après la bataille, savaient s'apitoyer sur les malheurs d'autrui et pleuraient *moult tendrement* à quelque récit émouvant. Ce caractère, nous le retrouvons partout; et, si nous avons été peut-être surpris de la sévérité de cette législation que nous venons d'étudier, nous sommes frappés aussi, en voyant bien souvent la pitié des juges, chargés de l'appliquer, venir en adoucir la rigueur. Voici un épisode naïf et touchant recueilli dans les registres du tribunal de la petite commanderie de Queynac, en Bordelais :

En l'année 1340, tout le pays avait été dévasté par une de ces terribles bandes de malfaiteurs que ces temps de troubles rendaient trop fréquentes, et qui tuaient les habitants, pillaient leurs récoltes, incendiaient leurs demeures. Grâce aux forces dont pouvaient disposer les chevaliers de Saint-Jean, seigneurs de cette localité, ces redoutables routiers furent cernés, pris et jetés dans les cachots du donjon de Queynac.

Quelques jours après, le chevalier Sobiran de Rivalz, commandeur, entouré de ses religieux et des autres membres de son conseil, était dans la salle du *Consistoire*, assis sur son tribunal. Devant lui étaient placées les coutumes de la ville et le livre des saints Evangiles, afin, dit le manuscrit, *de se placer en présence de Dieu, source de toute justice et de toute miséricorde.* Après avoir fait le signe de la croix, il ordonna à ses hommes d'armes d'introduire les accusés. Voici tout d'abord le capitaine de la bande, Ranulphe Guilbaud. Sa culpabilité est trop évidente et son sort trop certain, pour qu'il songe à recourir à des dénégations inutiles : aussi la sentence est-elle promptement rendue et le coupable livré à l'exécuteur, qui le conduit sur-le-champ aux fourches patibulaires de Queynac. Puis vient le tour du deuxième accusé. C'est un jeune homme, le frère du capitaine, que ce dernier avait entraîné par ses conseils et ses mauvais exemples : accablé par l'évidence, il n'essaie pas, lui non plus, de nier la longue liste d'assassinats ou d'incendies dont on l'accuse. Aussi, malgré la compassion qu'il ressent pour sa jeunesse, le tribunal se dispose à prononcer sa sentence et à l'envoyer partager le sort de son frère, lorsque se précipite dans l'enceinte du tribunal une pauvre jeune fille, âgée d'une vingtaine d'années, et orpheline de père et de mère. Elle se jette à genoux, et, étendant les bras en croix, elle supplie avec des larmes et des sanglots le tribunal de lui accorder la vie d'Arnaud Guilbaud, qu'elle demande à prendre pour son légitime époux. La foule, qui avait été attirée par ce procès, de tous les environs, s'émeut à ce spectacle, et tous, nobles chevaliers et simples vassaux, joignent leurs prières à celles de la pauvre orpheline et supplient qu'on lui accorde la grâce du coupable. Le commandeur, touché de son côté à la vue de la *grande pitié* de cette jeune fille, désirant satisfaire aux vœux de tout ce peuple, et persuadé que la *miséricorde est dans le cas présent agréable à Dieu et conforme à ses lois*, ordonne d'enlever les liens du coupable et de le remettre aux mains de celle qui venait de l'arracher à la mort.

§ 4. — *Procédure civile.*

Comme nous l'avons vu plus haut, les seigneurs s'étaient réservé la connaissance des causes civiles d'une certaine importance. Les chartes de coutumes, si explicites pour le code criminel, contiennent peu de détails sur la procédure civile. Nous trouvons seulement que toute dette reconnue devait être acquittée dans les quatorze jours qui suivaient la réclamation juridique, faute de quoi, le débiteur devait payer une amende pour chaque jour de retard. Les saisies ordonnées par le tribunal étaient opérées par le bailli; en étaient formellement exceptés : les instruments de travail, les vêtements et les draps de lit. Certaines chartes reconnaissent aux vassaux le droit d'aller pour leurs procès devant d'autres cours, si le juge du seigneur n'était pas à son poste.

§ 5. — *Délits champêtres.*

La police appartenait, dans ce cas-là, aux gardes ou *messeguiers*, choisis par les consuls avec l'approbation du seigneur. C'étaient eux qui surprenaient les délinquants, et, quelques jours après, venaient leur réclamer l'amende que la charte de coutumes prononçait dans ce cas.

Ces amendes étaient d'ordinaire partagées entre les seigneurs, les gardes et les consuls; dans certaines circonstances, nous les voyons attribuées entièrement aux réparations de la ville. Comme ces délits étaient très fréquents, nous ne nous étonnons pas de voir avec quelle attention minutieuse les chartes déterminent les différentes amendes qui devaient être infligées, soit au propriétaire de l'animal trouvé dans les terres d'autrui, soit aux voleurs de récoltes et de fruits. Les amendes variaient suivant les circonstances, l'heure du délit et surtout la nature de l'animal. Signalons, à ce propos, une particularité qui se trouve dans la charte de Salvaignas et qui m'a paru d'une bonhomie charmante : après avoir édicté les peines les plus variées contre toutes sortes de délits champêtres, le législateur ajoute que, si « cependant une femme en-
» ceinte avait envie de raisins ou d'autres fruits, elle pourra entrer
» dans le jardin ou la vigne d'autrui, en manger et même en emporter
» dans ses mains sans payer d'amendes. »

CHAPITRE V.

ORGANISATION MUNICIPALE.

Si les populations méridionales tenaient à leurs libertés civiles, nous pouvons constater qu'elles étaient encore plus jalouses et fières de leurs prérogatives municipales. Dès qu'une ville avait été bâtie et qu'un certain nombre d'habitants étaient venus jouir dans ses murs des avantages matériels qui leur étaient offerts, le but constant de leurs efforts était, nous l'avons déjà vu, de se faire concéder une charte communale et de provoquer la création de la municipalité qui devait les régir. Nous allons étudier successivement les différents modes d'élection des consuls, leurs attributions, leurs prérogatives, leurs insignes, leurs officiers particuliers.

§ 1. *Election des consuls et conseillers.*

Divers modes étaient en usage dans nos contrées. Nous trouvons, en certains endroits, la nomination directe par le seigneur. Cette disposition, peu libérale, était assez peu répandue dans nos pays. Le comte Alphonse de Poitiers l'introduisit dans ses bastides. Dans son travail d'assimilation de nos provinces à la monarchie, il avait, en effet, à lutter, non seulement contre les seigneurs, mais encore contre les vassaux, dont l'esprit d'indépendance municipale formait un obstacle sérieux à sa politique. Aussi n'est-il pas étonnant que les coutumes qu'il octroya contiennent des mesures contre ces dispositions. C'est à lui-même ou à son bailli qu'il réserve le droit de choisir les consuls, « parmi » les catholiques de la ville, de la manière qu'il leur paraîtra le plus » avantageux à ses intérêts propres ou à ceux de la communauté. » Quoique peu général, nous retrouvons ce même mode d'élection adopté dans les bastides seigneuriales, en faisant toutefois intervenir dans ce choix le conseil de quelques *prudhommes* de la ville. Mais, dans ce premier cas, comme nous le verrons tout à l'heure, les attributions des magistrats municipaux étaient moins étendues qu'ailleurs, et les chartes semblent chercher à réduire leur initiative toutes les fois qu'il était question de la répartition des impôts.

Le mode d'élection le plus général était la présentation, par les consuls sortants, d'une liste où étaient inscrits un nombre de prud'hommes double de celui des magistrats à élire, et sur laquelle le seigneur devait faire son choix. Dans ce cas-là, lors de la promulgation de la charte de commune, le seigneur faisait, séance tenante, la nomination des premiers consuls. Malgré la précaution de la nomination primitive des consuls, les magistrats élus de la sorte ne tardèrent pas à montrer leur indépendance envers les seigneurs.

Nous trouvons enfin, comme dernier mode d'élection, le choix direct des consuls par la population, le seigneur ne se réservant que le droit de conseil et d'approbation. Quoique ce mode fût une rare exception, nous pouvons en signaler quelques exemples ailleurs que dans les grandes villes; il était même assez fréquent dans le pays de Comminges (Saint-Clar, Poucharramet, Montsaunès).

Quel que fût le mode employé pour l'élection des consuls, leur installation avait lieu avec une grande pompe. Au jour fixé, le seigneur ou son délégué, assis sur une estrade, élevée au milieu de la place publique ou près de la porte de l'église, procédait, devant toute la popula-

tion, à cette cérémonie. Les nouveaux consuls s'avançaient sur l'estrade et juraient, en présence du seigneur et du peuple, les mains étendues sur le livre des Evangiles, « de se conduire bien et loyalement, d'ob-
» server et faire observer les coutumes, de gouverner la communauté
» avec fidélité et dévouement, ne recevant jamais de présents faits
» en raison de leur charge. » Après quoi tous les habitants juraient à leurs consuls « de leur donner en toute occasion aide et assistance,
» de leur obéir en respectant toujours le droit et l'honneur du sei-
» gneur. » Le serment consacré par la religion n'avait pas encore perdu sa puissance sur les hommes et était toute autre chose qu'une vaine formalité.

Les conseillers, qui avaient pour mission d'aider les consuls dans leur administratiou municipale, n'étaient institués que dans certaines villes dont l'importance motivait leur concours. Leur élection se faisait en même temps et par les mêmes procédés que celle des consuls.

§ 2. — *Attributions des consuls.*

1º *Edilité. Police.* — C'était l'attribution la plus générale et la plus naturelle des consuls. Aux magistrats municipaux revenaient de droit la réparation et l'entretien des rues, des routes, des ponts, des fontaines; à eux, la surveillance de la police urbaine et ses règlements. C'étaient eux qui devaient veiller à ce que les habitants ne déposassent pas sur la voie publique des ordures ou des matières nuisibles ou qu'ils ne construisissent pas des auvents ou des porches en avant de leur habitation sans autorisation. Ils avaient dans leurs attributions, outre la fixation des tarifs pour les différentes denrées, l'inspection des boutiques de boulangers et de bouchers; ils veillaient à la qualité, soit du pain, soit de la viande; s'ils trouvaient un débitant en défaut, par exemple un boulanger qui voulût gagner sur un setier de froment plus de deux deniers et le son, ou un boucher qui essayât de vendre la viande de manière à gagner plus d'un denier par chaque sol d'achat, ils devaient faire confisquer la marchandise et la faire distribuer aux pauvres de la ville.

Mais c'étaient surtout les jours de foires et de marchés qu'il fallait

que la surveillance des magistrats municipaux se fît sentir pour le
maintien du bon ordre et surtout pour l'exécution des règlements; car
ces institutions formaient un des principaux éléments de la prospérité
d'une ville, et les chartes communales nous donnent des indications dé-
taillées à ce sujet : jusqu'à une certaine heure, les denrées devaient
rester exposées sur la place ou sous la halle, après quoi on pouvait les
transporter pour les vendre par toute la ville. Les consuls veillaient à
ce que les gains des revendeurs ne fussent pas plus considérables que
ceux indiqués dans les règlements. Ils devaient encore maintenir la paix
et surtout la rétablir quand elle était troublée, ce qui n'était pas rare
ces jours-là. Notons l'article de la charte de Fajolles qui punit d'une
amende moins forte les rixes quand elles ont eu pour théâtre le champ
de foire que partout ailleurs.

2° *Répartition et levée des tailles.* — Tous les habitants, sans exception,
étaient soumis à la taille municipale et devaient participer aux dépenses d'intérêt commun, proportionnellement à leurs fortunes. Cette répartition était confiée aux consuls. Quand ces derniers étaient nommés par
les seigneurs sans le concours des vassaux, on leur adjoignait, pour
cette opération de confiance, un certain nombre de prud'hommes élus
directement par la population. Cette particularité m'a paru intéressante
à noter et prouve que ce n'est pas de nos jours seulement qu'on a dé-
couvert ce principe que qui paie a droit de surveiller l'emploi des deniers publics. Une fois la répartition faite, les sergents des consuls al-
laient prélever ces impositions, pour les verser intégralement dans la
caisse municipale. A la fin de leur charge, les consuls sortants devaient
rendre à leurs successeurs, en présence de la population, un compte
exact et détaillé des recettes qu'ils avaient opérées et des dépenses
qu'ils avaient faites pour la ville.

3° *Bornages.* — Les consuls étaient chargés de prononcer sur toutes
les questions de limites des propriétés et de planter des bornes ou
bouzzoles entre les champs en litige.

4° *Tribunal.* — Sous la présidence du juge seigneurial, les consuls
composaient d'ordinaire le tribunal, et, la charte des coutumes en
main, rendaient la justice à leurs concitoyens. Il est évident que leur
peu de science dans les lois les condamnait presque toujours à un rôle

secondaire, laissant la prépondérance au juge, dont le sentiment était adopté par ses collègues. Malgré leur peu d'aptitude à rendre la justice, les magistrats municipaux tendaient sans cesse à étendre, sous ce rapport, leurs attributions. Cette prérogative consulaire n'était pas, du reste, sans présenter de graves inconvénients. Sans connaissances suffisantes pour émettre un avis motivé, ayant des relations de parenté ou d'amitié avec leurs administrés, et, par suite, avec les accusés, les consuls étaient, dans beaucoup de cas, si nous en croyons les plaintes exposées en 1523 au sénéchal de Toulouse par le seigneur de Fronton, « impuissants à réprimer les crimes, pactisant quelquefois avec les mal- » faiteurs et procédant presque toujours par commères ou compères. » Ces inconvénients étaient, du reste, si généralement ressentis que, par un édit de 1541, le roi François Ier enleva partout la connaissance des causes criminelles aux consuls pour l'attribuer aux juges ordinaires des seigneuries. Mais l'opposition des consuls de certaines grandes villes, et notamment de Toulouse, empêcha cet édit de recevoir son exécution ; ce que voyant, le roi supprima tous les tribunaux seigneuriaux, « ne » laissant aux consuls que la prévention, conjointement avec les juges » royaux, pour les affaires criminelles et la connaissance des causes de » simple police (1545). »

5° *Règlement des tavernes et des boucheries.* — Dans la plupart des localités, les tavernes et les boucheries étaient des propriétés communales ; elles étaient affermées par les soins des consuls au plus offrant, et le produit en était affecté aux dépenses de la ville. Les magistrats municipaux avaient, par suite, pour mission de déterminer les règlements et les tarifs de ces établissements communaux.

6° *Coopération à la défense militaire de la ville.* — Souvent, le château du seigneur n'était pas assez considérable pour donner asile à la population tout entière, surtout si la guerre menaçait de traîner en longueur. De là, la nécessité de construire dans beaucoup de cas un deuxième fort, relié au premier, et où chaque habitant devait avoir son emplacement. Peut-être un certain sentiment de défiance et même d'hostilité portait-il les vassaux à ériger le fort des consuls en face de celui des seigneurs. Pourtant, le plus souvent, cette entreprise fut faite avec le consentement et le concours de ces derniers. Quoi qu'il en soit, les con-

suls étaient responsables de la défense de ces murailles ; ils gardaient
une clé de chaque porte, tandis que l'autre était aux mains des seigneurs. Sous la direction de ces derniers, ils devaient faire exécuter les
réparations nécessaires pour la sûreté des remparts. Ils avaient encore
à voir que chaque habitant fît son tour de garde ou de guet. Ce service
militaire était, en temps de guerre, obligatoire pour tous, et nous lisons
dans la charte de Caignac que le seigneur lui-même était tenu de mon-
ter à la tour du guet pour faire sa faction comme un simple particulier,
à moins de se faire remplacer par quelqu'un.

§ 3. — *Prérogatives consulaires.*

Nulle part, plus que dans nos pays, les habitants n'étaient jaloux de
leurs immunités municipales ; nulle part ils n'étaient plus fiers des prérogatives attribuées au consulat de leur ville. Ils en parlaient avec une
emphase méridionale qui peut amener le sourire sur les lèvres, comme
quand nous trouvons, par exemple, un acte daté du *Capitole* d'un petit
village. Cette dénomination fastueuse, qui prouve les traces profondes
qu'avait laissé la domination romaine dans nos contrées, se retrouve,
en dehors de Toulouse, dans un certain nombre de localités que leur
peu d'importance semblait mettre à l'abri de cette prétention peu justi-
fiée ; preuve naïve de cet amour-propre municipal qui animait tous les
jurats ou *prudhommes* de nos bastides du Midi. Aussi ne fallait-il pas
que le seigneur, ou une puissance quelconque, songeât à enfreindre les
prérogatives des consuls ; ces magistrats, soutenus par leurs concitoyens, considéraient leur charge comme une sorte de sacerdoce, dont
il ne leur était permis à aucun titre de laisser amoindrir les privilèges.
Ce spectacle, qu'il nous est souvent donné de contempler dans les grandes villes, comme Toulouse, où nous voyons les capitouls traiter le front
haut avec les puissances extérieures, devient encore plus intéressant,
ce me semble, dans de petites localités, car il nous témoigne que la vie
existait partout à cette époque et que l'esprit d'indépendance municipale
n'était pas alors une exception.

Dans le cours de cette étude, nous avons eu maintes fois l'occasion
de citer des exemples à l'appui de cette thèse et rencontrer les consuls,

hier encore timides vassaux, se draper dans la dignité de leur charge et élever la voix pour maintenir les prérogatives de la communauté avec une indépendance et une énergie bien faites pour surprendre.

Rendons-nous, par exemple, le quatrième jour du mois de mai 1537, sur la place de la petite ville de Gimbrède (Gascogne), « au pied de » l'echelle qui conduit aux prisons ou carcès du commandeur. » Le bailli de ce dernier amène un prévenu pour l'y enfermer, lorsque se présentent devant lui « les saiges hommes A. du Boys et A. de Dieu- » baset, consuls dudict lieu. Ils exposent. . que, quand le bailly avoit » prins ung habitant pour quelques cas que eust commis, excepté de » crimes exhigeant peines corporelles, que iceulx consuls le porroient » prendre des mains du bailly, avant qu'il le mist prisonnier ez carces » du seigneur dudict lieu, et le mettre ès carcès des consuls, où le dé- » tiennent par l'espace de vingt-quatre heures, et, icelles expirées, le » rendroient ez mains du bailly ; et que cela auroient par privilège, » coustume ancienne, de laquelle eulx et leurs predecesseurs auroient » joi et uzé le temps passé, quand le cas advenoit et par tant de temps » que il n'est mémoyre du contraire. » Le bailli, reconnaissant la jus- tesse de la requête des consuls, leur livre le prévenu, qu'ils conduisent dans les prisons municipales.

Ces quelques scènes détachées m'ont paru dignes de nous arrêter un moment en nous donnant une série de tableaux vivants de la vie mu- nicipale à cette époque du moyen âge, où une école moderne semble prendre à tâche de ne montrer que la plus abominable tyrannie à côté de la plus humiliante servilité.

§ 4. — *Insignes des consuls.* — *Sceau communal.*

Les consuls des villes, construites par nos rois ou par le comte Al- phonse de Poitiers, avaient le privilège d'avoir un costume particulier, « de porter le chaperon de rouge et de noir selon la librée du roi. » Dans d'autres villes, les insignes des magistrats municipaux consistaient en de simples verges qu'ils portaient dans les cérémonies publiques. La charte, octroyée le 18 février 1302 aux habitants de la Bastide de Pla- gne par leurs seigneurs, Raymond d'Aspet, damoiseau, et Célébrun de

Pins, commandeur du Temple de Montsaunès, concède aux consuls l'autorisation de *porter leurs deux écussons sur leurs bâtons*.

Toutes les villes, si petites qu'elles pussent être, tenaient à honneur d'avoir leur sceau communal, qui était confié à la garde des consuls, et dont l'empreinte était apposée au bas des actes passés au nom de la communauté. Ce sceau, ce *sagel comunal*, était le signe de la noblesse de la ville et un parchemin, scellé des armes de la communauté, devenait sacré pour ses habitants, comme s'il avait été signé par eux tous. J'ai relevé dans la charte d'une donation, faite en 1245 par le sire Amanien d'Albret aux Templiers d'Argenteins, une preuve caractéristique de l'importance qu'on attachait à l'apposition de ce sceau. « Pour assurer davantage la validité et la perpétuité de cet acte, » le noble baron fit apposer au bas de ce parchemin, à côté du sceau de ses armes, celui de la communauté de sa bonne ville de Casteljaloux.

§ 5. — *Officiers des consuls.*

1° *Sergents.* — Les consuls avaient droit d'avoir sous leurs ordres un ou plusieurs sergents, chargés d'aller, en leur nom, commander la corvée communale, opérer la levée des tailles, exécuter les saisies prononcées contre les délits municipaux.

2° *Gardes.* — Quoique les gardes ou *messiers* (*messeguiers*), fussent choisis conjointement par le seigneur et les consuls, ils dépendaient principalement de ces derniers. C'étaient eux qui les choisissaient et les proposaient à l'acceptation du seigneur. Le messier, choisi et confirmé dans sa charge, jurait en présence du seigneur et des consuls, les mains étendues sur le livre des Evangiles, de garder, aussi bien qu'il lui serait possible, les récoltes et les propriétés des habitants. En général, une partie des amendes, levées à cause des délits ruraux, restait acquise au garde et le reste était remis aux consuls pour être appliqué aux dépenses d'intérêt commun, après en avoir prélevé la fraction attribuée par chaque charte au seigneur.

3° *Crieur public.* — Cet employé était chargé de faire à haute voix et au son de la trompe, devant la population réunie, les ordonnances ou les défenses faites au nom du seigneur et des consuls; il devait faire aussi les ventes à l'encan. Dans certaines localités, ces fonctions étaient remplies par des femmes.

§ 6. *Mesures légales.*

Presque toujours, la charte de fondation d'une ville désigne les mesures dont on devait user dans la suite. Pour les petites localités, on se servait des mesures légales employées dans les villes du voisinage. Ainsi, à Saint-Clar, la charte indique, comme celles de capacité, le *quarton* et le *demi-quarton* de Muret. Le sire de Marestang et les chevaliers du Temple, en construisant leur bastide de Marestang, ordonnèrent qu'on se servirait, pour les mesures agraires, de la *corde* de l'Isle-en-Jourdain, pour celles de capacité du *quartier* de Montferrant, et enfin des poids de Toulouse. A Saint-Gauzens, le cartier communal était l'*éminal* de Lautrec. Quelques chartes nous fournissent des indications plus précises : la coutume de Plagnes nous apprend que l'*arpent* y était fixé à 64 *périons* de long sur 22 de large, le *périon* se subdivisant lui-même en 5 *razes*. Certaines chartes contiennent l'indication de deux sortes de monnaies simultanément en usage dans une même localité; ce fait se reproduit surtout dans les villes situées près des limites de deux provinces. Du reste, la monnaie *tolosane* était répandue dans une grande partie du Midi, et nous la trouvons nommée souvent à côté des autres dans les chartes relatives à des contrées voisines.

Evidemment, cette multiplicité de mesures légales, variant d'une localité à l'autre, devait amener bien des abus, même à cette époque où l'on voyageait peu; ces inconvénients avaient été ressentis bien longtemps avant la Révolution, et on en avait deviné le remède; nous en trouvons la preuve dans cet article de la charte communale de Montsaunès :

« Nous voulons que les arpents soient distribués aux habitants dans » le territoire de Montsaunès, au périon de la bastide de Favars de no- » tre sire le roi de France. »

La réforme de l'unification des mesures, qui ne devait être réalisée que six cents ans plus tard, se trouve en germe dans ce passage d'une charte du treizième siècle.

CHAPITRE VI.

Comme la justice et la raison l'indiquaient, en se dessaisissant, en bien des endroits, en faveur des laïques, de son droit à prélever les dîmes des récoltes, l'Eglise leur avait imposé l'obligation de subvenir à tous les frais du culte divin et à l'entretien du vicaire perpétuel qu'ils présentaient à l'institution épiscopale. Si le seigneur négligeait ses devoirs sous ce rapport, ses vassaux réclamaient contre lui. C'est ce que nous voyons se produire dans la petite ville de Condat en Périgord. Les habitants, profitant de la présence au milieu d'eux de Dragonet de Montdragon, grand-prieur de Saint-Gilles, en 1307, vinrent lui porter leurs doléances contre leur seigneur, le commandeur de l'Hôpital. Ce dernier fut, en effet, condamné par son supérieur, qui, dans une charte concédée aux habitants, l'obligea à entretenir convenablement son église, à y faire célébrer, avec toute la pompe requise, les offices en l'honneur de Dieu, de la sainte Vierge et des saints, à subvenir aux frais du luminaire, consistant en cinq cierges d'une livre chacun, sur l'autel de la paroisse, et un seul sur chacun des autels latéraux. Malgré cette obligation des seigneurs, nous voyons que, dans certaines parties de la Gascogne, les habitants étaient tenus de verser annuellement une certaine somme pour l'entretien du curé. C'est ainsi qu'à Salvaignas, chaque feu devait fournir, le mercredi des cendres, 20 deniers pour la nourriture du vicaire perpétuel, et qu'à Golfech le chef de chaque maison devait *aller à l'offrande*, aux grand'messes des quatre principales fêtes de l'année, et que tous les paroissiens devaient donner un denier au curé, en allant recevoir la communion pascale. Mais de telles coutumes n'existaient qu'à l'état d'exception.

Le casuel des curés était, en outre, déterminé dans la plupart des chartes. Voici les tarifs que nous fournissent ces documents :

1° *Mariages.* — Les honoraires du prêtre étaient fixés, dans nos pays, à 12 deniers tolsas; mais, dans bien des endroits, cette rétribution en argent était remplacée par un don en nature. A Golfech, le marié et la mariée devaient offrir une paire de gélines. A Castelnau (Bazadois), le curé recevait les éléments d'un copieux repas : « 3 quartons de vin, 4 fougasses, 1 celle de porc et une poule. »

2° *Baptêmes*. — En Gascogne, le parrain, en présentant l'enfant aux fonts baptismaux, devait donner 2 liards et le linge au prêtre, qui devait fournir le cierge.

3° *Enterrements*. — Généralement, les chartes fixent des tarifs différents, d'après les âges du défunt, à cause de la messe de sépulture dite pour le repos de son âme, s'il avait plus de sept ans. On remplaçait aussi souvent le prix de cette cérémonie par le don au curé d'une partie du vestiaire du défunt. A Orfonds (Albigeois), pour l'enterrement d'un homme, ses héritiers devaient donner « son meilleur habit avec » ou sans fourrures, son capuchon, ses souliers, ses sabots, sa ceinture » et son sac, et, pour celui d'une femme, son meilleur manteau et sa » coiffure, excepté sa guirlande. »

A Fonsorbes, le prix de la sépulture consistait dans les vêtements du mort ou 12 deniers ; à Salvaignas, c'était « le meilleur habit au choix » du curé et de deux prudhommes de la ville, etc. »

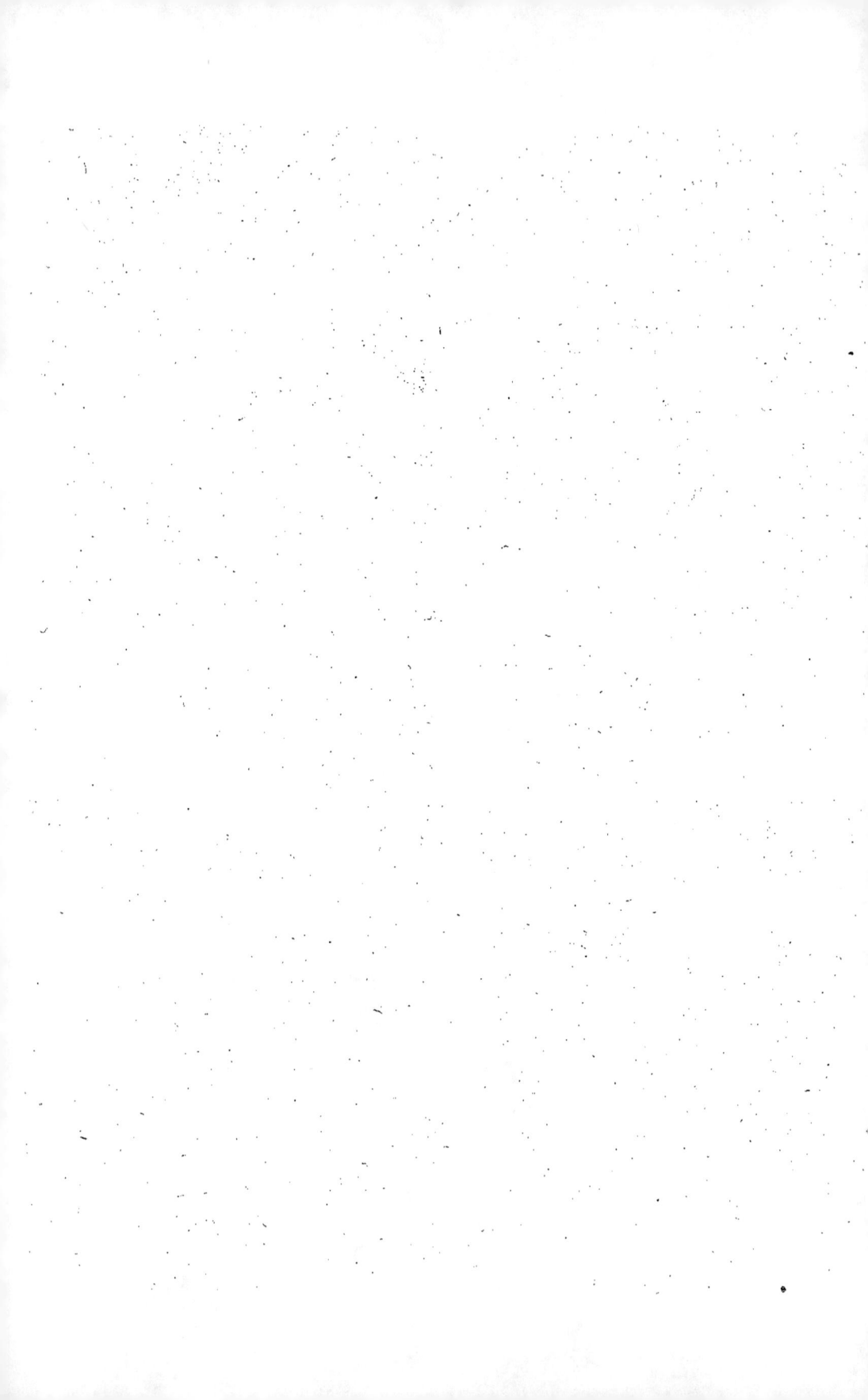

www.ingramcontent.com/pod-product-compliance
Lightning Source LLC
Chambersburg PA
CBHW070947280326
41934CB00009B/2028